青少年万有书系
历史地理系列

Shijie Guojia Dili

青少年万有书系编写组 编写

世界国家地理

北方联合出版传媒（集团）股份有限公司
辽宁少年儿童出版社
沈阳

图书在版编目（CIP）数据

世界国家地理/青少年万有书系编写组编写．—沈阳：辽宁
少年儿童出版社，2014.1（2018.5 重印）

（青少年万有书系．历史地理系列）

ISBN 978－7－5315－6037－1

Ⅰ.①世…Ⅱ.①青…Ⅲ.①地理－世界－青年读物 ②地理－
世界－少年读物 Ⅳ.①K91-49

中国版本图书馆CIP数据核字(2013)第003579号

出版发行：北方联合出版传媒（集团）股份有限公司
　　　　　辽宁少年儿童出版社
出 版 人：许科甲
地　　址：沈阳市和平区十一纬路25号
邮　　编：110003
发行（销售）部电话：024－23284265
总编室电话：024－23284269
E—mail：lnse@mail.lnpgc.com.cn
http://www.lnse.com
承 印 厂：北京密兴印刷有限公司

责任编辑：朱艳菊 谭颜葳
责任校对：那一文
封面设计：红十月工作室
版式设计：揽胜视觉
责任印制：吕国刚

幅面尺寸：160mm×230mm
印　　张：8　　　字数：220千字
出版时间：2014年1月第1版
印刷时间：2018年5月第3次印刷
标准书号：ISBN 970-7-5315-6037-1
定　　价：29.80元

全案策划　**唐码书业**（北京）有限公司
WWW.TANGMARK.COM

图片提供　台湾故宫博物院　时代图片库 等

www.merck.com　www.netlibrary.com
digital.library.okstate.edu　www.lib.usf.edu　www.lib.ncsu.edu

ZONGXU 总 序

　　青少年最大的特点是多梦和好奇。多梦，让他们心怀天下，志存高远；好奇，让他们思维敏捷，触觉锐利。而今我们却不无忧虑地看到，低俗文化在消解着青少年纯美的梦想，应试教育正磨钝着青少年敏锐的思维。守护青少年的梦想，就是守护我们的未来。葆有青少年的好奇，就是葆有我们的事业。

　　正是基于这一认识，我社策划编写了《青少年万有书系》丛书，试图在这方面做一些有益的尝试。在策划编写过程中，我们从青少年的特点出发，力求突出趣味性、知识性、神秘性、前沿性、故事性，以最大限度调动青少年读者的好奇心、探索性和想象力。

　　考虑到青少年读者的不同兴趣，我们将丛书分为"发现之旅系列"、"探索之旅系列"、"优秀青少年课外知识速递系列"、"历史地理系列"、"最应该知道的为什么系列"和"最惊奇系列"六大系列。

　　"发现之旅系列"包括《改变世界的发明与发现》《叹为观止的世界文明奇迹》《精彩绝伦的世界自然奇观》和《永无止境的科学探索》。读者可以通过阅读该系列内容探究世界的发明创造与奇迹奇观。比如神奇的纳米技术将如何改变世界？是否真的存在"时空隧道"？地球上那些瑰丽奇特的岩洞和峡谷是如何形成的？在该系列内容里，将会为读者一一解答。

　　"探索之旅系列"包括《揭秘恐龙世界》《走进动物王国》《打开奥秘之门》。它们将带你走进神奇的动物王国一探究竟。你将亲临恐龙世界，洞悉动物的奇趣习性，打开地球生命的奥秘之门。

　　"优秀青少年课外知识速递系列"涵盖自然环境、科学科技、人类社会、文化艺术四个方面的内容。此系列较翔实地列举了关于这四大领域里的种种发现和疑问。通过阅读此系列内容，广大青少年一定会获悉关于自然以及人类历史发展留下的各种谜团的真相。

　　"历史地理系列"则着重于为青少年朋友描绘气势恢宏的世界历史和地理画卷。其中《世界历史》分金卷和银卷，以重大历史事件为脉络，并附近千幅珍贵图片为广大青少年读者还原历史真颜。《世界国家地理》和《中国国家地理》图文并茂地让读者领略各地风情。该系列内容包含重大人类历史发展进程的介绍和自然人文风貌的丰富呈现，绝对是青少年读者朋友不可错过的知识给养。

"最应该知道的为什么系列"很好地满足了广大青少年朋友的好奇心和求知欲。此系列分生物、科技、人文、环境四卷，很全面地回答了许多领域我们关心的问题。比如，生命从哪里来？电脑为何会感染病毒？为什么印度人发明的数字会被称作阿拉伯数字？厄尔尼诺现象具体指什么？等等，诸多贴近我们生活的有意义的话题。

　　"最惊奇系列"则为广大青少年读者朋友介绍了许多世界之最和中国、世界之谜。在这里你会知晓世界上哪种动物最长寿，宇宙是如何起源的，中国人的祖先来自哪里，传说中的所罗门宝藏又在哪里等一系列神秘话题。这些你都可以通过阅读《青少年万有书系》之"最惊奇系列"找到答案。

　　现代社会学认为，未来社会需要的是更具有想象力、创造力的人才。作为编者，我们衷心希望这套精心策划、用心编写的丛书能对青少年起到这样的作用。这套丛书的定位是青少年读者，但这并不是说它们仅属于青少年读者。我们也希望它成为青少年的父母以及其他读者群共同的读物，父女同读，母子共赏，收获知识，收获思想，收获情趣，也收获亲情和温馨。

　　谁的青春不迷茫？愿《青少年万有书系》能够为青少年在青春成长的路上指点迷津，带去智慧的火花，带来知识的宝藏。

Contents

目录>>

2

PART ② 欧洲国家地理　　　53

Part 1

亚洲国家地理

太阳升起的地方

亚洲是亚细亚洲的简称，意思是"太阳升起的地方"。亚洲位于东半球的东北部，面积4400万平方千米，占全球陆地总面积的29.4%，是世界上最大的洲。亚洲不仅是三大文明古国中国、印度、巴比伦的所在地，而且还是基督教、佛教、伊斯兰教三大宗教的发祥地。亚洲孕育了人类最古老而又最神秘的古代文明，亚洲人世代在这片土地上辛勤耕耘，使它蓬勃发展，日渐强大。

1.

◁ 国名全称　阿富汗伊斯兰共和国
　　　　　　The Islamic Republic of Afghanistan
◁ 国家首都　喀布尔 Kabul

◁ 国土面积　约65.23万平方千米
◁ 人口数量　2900多万
◁ 语　言　普什图语和波斯语

◁ 主要城市　喀布尔、坎大哈
◁ 典型气候　温带大陆性气候

阿富汗

■ 1. 丝绸之路的必经之地

　　阿富汗位于亚洲的中西部，是介于帕米尔和伊朗两大高原之间的一个多山国家，山地和高原的面积占了全国总面积的80%，而其90%以上的国土海拔都在600米以上。在阿富汗的东北部，有一条与中国毗邻的"瓦汉走廊"。它曾是丝绸之路的一条重要通道，张骞出使西域、玄奘取经、威尼斯商人马可·波罗及瑞典探险家斯文·赫定都曾从这里经过。自古以来，阿富汗就是中国通往中亚的必经之路。古时的商人都是从中国出发，翻过帕米尔高原，经喀布尔到达波斯（现今的伊朗）和欧洲的。

按照阿富汗穆斯林传统习俗，女子成年后要身穿"波卡"（罩袍）从头到脚遮掩起来，只能透过面前的一小块网纱看外面的世界。

■ 2. 布雷最多的城市

　　喀布尔是阿富汗的首都和第一大城市，也是全国的政治、经济、文化中心。早在1773年，杜兰尼王朝统一阿富汗后就定都于此。它位于阿富汗东部，四面环山，海拔1950米，是世界上地势最高的首都之一。在古代，喀布尔是著名的东西方通商要道"丝绸之路"上的重要城镇，也是东西方文化交流的一个中心。但是由于连年战乱，喀布尔现在已经成为"世界上布雷最多的城市"。

■ 3. 阿拉伯烤饼

　　在阿富汗，阿拉伯烤饼是最著名、历史最为悠久的食品之一，早在1400年前的《古兰经》中就有对它的记载。其做法是面粉中辅以调料，用木炭火烘烤。阿拉伯烤饼水分少，酥香耐存，特别便于阿拉伯商人远道经商携带，现在依然是阿富汗人日常主食之一。阿富汗人大都喜爱吃焖、煮、烤、炸烹制出来的菜肴，进餐时大家都用右手抓饭而不用碗筷，只有吃西餐时，人们才会用西洋餐具。

阿拉伯烤饼：阿拉伯地区的一种特色食品，十分受当地人的欢迎。

喀布尔：喀布尔是一座有3000多年历史的名城，1773年后成为阿富汗首都。喀布尔在信德语中是"贸易中枢"的意思。喀布尔交通便利，市内有食品供应、毛纺、家具制造、铸造及大理石加工业等。

◁ 国名全称 亚美尼亚共和国　　◁ 国土面积 约2.98万平方千米　　◁ 主要城市 埃里温
　　　　　The Republic of Armenia　　◁ 人口数量 300多万　　　　　　◁ 典型气候 高山气候
◁ 国家首都 埃里温 Yerevan　　　　◁ 语　言 亚美尼亚语

亚美尼亚

兰教国家包围着的亚美尼亚，一直因为与邻国间的国界争议问题，成为高加索地区动荡不安的火药库。不过当地人民始终都在顽强地抵御着外敌，亚美尼亚最终仍然以独立国家的形态存在，并没有因为罗马人、波斯人或蒙古人的侵略而消亡。

埃里温：埃里温是亚美尼亚首都和经济、文化中心，也是世界闻名的古城之一，位于拉兹丹河畔，四周景色优美。

■ 1. 诺亚方舟的终点

亚美尼亚位于外高加索南部，是一个内陆的高山国家，原为苏联加盟共和国，1991年独立。它西与土耳其接壤，南与伊朗交界，北与格鲁吉亚相邻，东面紧靠阿塞拜疆。全境为小高加索山脉所环抱，平均海拔为1800米。

地形崎岖的亚美尼亚相传是《旧约》中诺亚方舟在大洪水退去后的着陆地。因为传说中诺亚方舟最终停靠在了阿拉特山上，这座山正好位于今亚美尼亚与土耳其的边境一带。甚至还有一种更为古老的说法，认为亚美尼亚的首都埃里温就是由诺亚本人建立的城市。虽然传说的真实程度很难查证，但亚美尼亚却是世界上第一个将基督教列为国教的国家。

■ 2. 最早的基督教国家

亚美尼亚将基督教列为国教，其历史可以追溯到4世纪时。301年，亚美尼亚王特拉达三世定基督教为国教，使得亚美尼亚成为世界上第一个宣布基督教为国教的国家。四周被伊斯

■ 3. 古城埃里温

亚美尼亚的首都埃里温建于公元前782年，当时称它为埃里布尼要塞。它是比罗马建立得还早的重要城市之一。早在15世纪中叶，埃里温就成为东亚美尼亚的行政中心。1828年归于俄罗斯，后于1936年成为亚美尼亚共和国的首都。在埃里温，有座世界上独一无二的古代手稿博物馆——马捷纳达兰，那里收藏着25万册手稿和1.3万本亚美尼亚古代文献，其中有些珍贵的手抄本文献已经有1500多年的历史了。此外，市内还保留着建于13世纪的加克基多大教堂和建于17世纪末的佐拉瓦尔大教堂等著名古迹。

十字架上的基督：基督教发源于公元1世纪巴勒斯坦地区犹太人社会，信仰耶稣基督为救世主。据传上帝的独生子耶稣为赎人类的罪恶被钉死在十字架上，3日后复活成神，并使悔改后信仰他的人得到赦免。

◁ 国名全称	阿塞拜疆共和国	◁ 国土面积	约8.66万平方千米	◁ 主要城市	巴库
	The Republic of Azerbaijan	◁ 人口数量	840万左右	◁ 典型气候	温带大陆性气候
◁ 国家首都	巴库 Baku	◁ 语 言	官方语言为阿塞拜疆语，通行俄语		

阿塞拜疆

■ 1. 山地·盆地·平原

阿塞拜疆位于亚洲与欧洲交界处的外高加索东部，东濒里海，南接伊朗和土耳其，北与俄罗斯相邻，西傍格鲁吉亚和亚美尼亚。阿塞拜疆曾是苏联加盟共和国，1991年独立。该国50%以上的国土为山地，平均海拔2500米，北部有大高加索山脉，南部是小高加索山脉，两者之间夹着库临卡盆地。西南部为中阿拉克辛盆地，盆地总面积大约占全部领土的40%。平原地区的面积仅为国土的10%。阿塞拜疆的气候呈现多样化特征，大部分地区气候干燥，某些山地地区具有高原冻土带气候的特点，东南部连科兰低地一带则是湿润的亚热带气候。主要河流有横贯全境的库拉河和阿拉斯河。

■ 2. "石油城"巴库

巴库是外高加索的第一大城市，也是里海的一个大港口。它位于里海西岸阿普歇伦半岛南部，面积约为2200平方千米，人口近170万。实际上，巴库还是一座非常古老的城市，其最早的历史可追溯到5世纪。18世纪时这里曾是巴库汗国的都城，后来成为阿塞拜疆的首都。直到20世纪初，巴库还是一个比较落后的城市，城里没有树木，满街烟尘滚滚。但是随着里海石油的大规模勘探开发，其城市面貌焕然一新，逐渐变成了一座高楼林立、绿树成荫的现代化城市。

巴库是著名的"石油城"，以巴库为中心的阿普歇伦半岛及其附近海底是世界著名的石油产区之一，已有100多年的历史了。20世纪初，巴库油田是世界上产量最高的油田。1901年，其石油产量几乎占到了世界石油产量的一半，成为南高加索工业中心和俄国石油基地（当时，阿塞拜疆是沙皇俄国的一部分）。

> 巴库城集中展示了各个民族（包括阿拉伯人、波斯人、土耳其人和俄罗斯人）在当地的文化遗存，其中较为著名的有索罗亚斯德教的火庙等。

■ 3. 艳丽的服饰

阿塞拜疆人的服装风格偏于繁复和艳丽。男人多穿肥大宽松的长裤和紧身的布褶长衣，冬天则加戴毛皮高帽。妇女爱穿颜色鲜艳的上衣，外罩紧腰身、短下襟的有褶长裙，冬天则加穿皮坎肩，加戴头巾和披肩。无论男女都有一顶绣花"顶帽"。有的还喜欢佩戴手镯、小铃铛和宝石戒指等各种首饰。

> 巴库市：作为阿塞拜疆共和国首都的巴库，不仅是政治、文化中心，而且是重要的石油基地和经济中心。

❋ 巴林

■ 1. 小小的岛国

　　巴林位于卡塔尔和沙特阿拉伯之间的波斯湾海面上，全境由巴林岛等33个大小不等的岛屿组成，海岸线长为200千米。全国地势低平，约一半的国土在海拔100米以下。诸岛中，巴林岛是面积最大的岛屿，它海拔135米，长48千米，宽16千米。岛的东角就是首都麦纳麦，东北部还和穆哈拉格岛以一条长达3000米的石堤公路相连。巴林属热带沙漠气候，炎热、干燥，最高气温可达50摄氏度，年平均降雨量仅为75毫米。

■ 2. "阿拉伯世界的苏黎世"

　　巴林首都麦纳麦是一座现代化的海港城市，被誉为"阿拉伯世界的苏黎世"。自1783年起，麦纳麦一直由阿拉伯的埃米尔统治，1958年被宣布为自由港，1971年成为巴林独立后的首都。

　　市内有宽阔的马路、高大的建筑物、青翠的园圃，中间还有许多美丽的清泉。巴林最著名的处女泉——阿扎拉泉就在麦纳麦附近，其泉水一直灌溉着周围的种植园。麦纳麦城的"古达伊比叶区"位于城的东南部，那里建有巴林埃米尔的王宫。

■ 3. 经济发达的巴林

　　巴林的人均国内生产总值位居世界前列，是一个很富有的国家。因为它是海湾地区开采石油最早的国家，也是海湾地区的金融中心。巴林的金融业比较发达，目前那里有180多家银行和金融机构，掌握了近900亿美元的银行资产。作为国际金融中心之一，那里既从事靠岸业务，也办理离岸业务。巴林的石油和天然气等资源更是为它带来了滚滚财源。目前已探明的石油储量为3000万吨，天然气蕴藏量为2900亿立方米。不过，这个在海湾地区最早发现石油的国家，也将成为该地区第一个石油枯竭的国家。

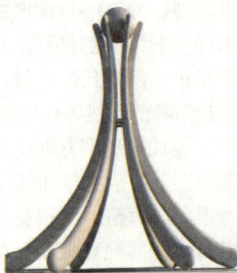

巴林珍珠纪念碑位于麦纳麦市，高达几十米的6根柱子托起一颗大珍珠，入夜时分，在各色灯光的照射下，象征巴林的这颗大珍珠便放射出奇异的光彩。

麦纳麦市：麦纳麦是在20世纪30年代发现石油后迅速发展起来的城市，古老的风物和现代化的设施形成鲜明的对比，一边是豪华的旅馆、高鑫的银行、幽雅的宅邸，一边是成簇的阿拉伯老式民房、迷宫似的曲径小巷。

◁ 国名全称　孟加拉人民共和国　　　　◁ 国土面积　约14.4万平方千米　　　◁ 主要城市　达卡
　　　　　　The People's Republic of Bangladesh　◁ 人口数量　1.4亿左右　　　　　◁ 典型气候　热带季风气候
◁ 国家首都　达卡 Dhaka　　　　　　　◁ 语　言　官方语言为孟加拉语，通行英语

孟加拉国 ❦

■ 1."河塘之国"

　　孟加拉国位于恒河和布拉马普特拉河下游冲积而成的三角洲上。东南部与缅甸为邻，东、西、北三面与印度毗连，南临孟加拉湾。大部分的国土都是肥沃、平坦的冲积平原，东部和东北部是丘陵地带。境内最高峰——凯奥克拉东峰的海拔为1345米。

　　孟加拉地理方面的最大特色就是河流和池塘特别多。全境有230多条河流，最主要的河流为恒河、梅格纳河和贾木纳河。池塘更是星罗棋布，总共约有60万个左右。河流和池塘的面积几乎占全国土地面积的十分之一，因此孟加拉也就被人们称做"河塘之国"。

■ 2.首都达卡

　　孟加拉国首都达卡位于恒河三角洲布里甘加河的北岸。其市内和郊区到处是香蕉树、芒果林和其他各种各样的树木。这里市容整齐，景色秀丽，并且古迹众多。例如建于1644年的巴拉·卡特拉宫。该宫系莫卧儿帝国沙杰汗大帝之子沙舒杰所建，是一座四面环抱的方形建筑。还有建于1678年的拉尔巴格古城堡，雄伟壮观，是孟加拉人民反对英国殖民主义侵略的见证。达卡又被孟加拉人称为"清真寺之城"，市内有800多座清真寺，主要有星清真寺、巴伊特乌尔·穆卡拉姆清真寺、萨甘布清真寺、七顶清真寺等。其中奠基于1960年的巴伊特乌尔·穆卡拉姆清真寺规模最大，可供数万人同时礼拜。

■ 3.丘陵地带的部族

　　在孟加拉吉大港的丘陵地带，居住着恰克玛人、加罗人、穆伦人等10余个原始部落家族。他们的皮肤为白色或玫瑰色，黑发，眼睛与蒙古人相似。这些部族有自己的语言、风俗习惯、等级制度、传统和神话等方面的文明。族人多信奉佛教或基督教，实行一夫一妻制，而且许多部族还有自己的文字。

孟加拉人主要从事农业，种植黄麻、水稻、豆类、玉米、甘蔗、烟草和水果等。南部居民多从事渔业。

"河塘之国"孟加拉：孟加拉洪水灾害频繁，每当洪水泛滥时，小船、竹筏等就成了人们出行时最主要的交通工具。

🌸 不丹

村庄：不丹的可耕地占土地总面积的16%，主要农作物有玉米、稻子、小麦、大麦、荞麦等。森林覆盖率为72.5%，其中26%为自然保护区，以丰富的名木花草闻名退迹。

■ 2."宁静的庄园"廷布

不丹是个具有悠久历史的国家，但这个国家很长时间以来都没有固定首都。直到1955年不丹国王定居廷布以后，才在1962年正式定廷布为永久性首都。

廷布位于喜马拉雅山南麓山坡边缘地带的旺河谷地，海拔2700米，人口不足3万。廷布周围森林茂密，人们主要的生产活动是森林采伐和农作物种植。廷布的手工艺品制作得非常精美，出产的竹制酒杯、箭筒、织布机零件和纸张都很有名。廷布交通不便，也比较闭塞，至今仍保持着一个大庄园般的宁静。

■ 1."神龙"之国

不丹人多称自己的国家为"竺域"。"竺"的原意是龙，所以不丹人认为自己的国家是"神龙"之国。它位于亚洲南部，地处喜马拉雅山南坡，为喜马拉雅山系的群山所环抱。东、北部与中国接壤，西南部与印度交界，西部以锡金为邻。

不丹境内多山，全境一半以上的土地在海拔3000米以上。地势由北向南逐渐降低，形成了三个明显的地形带：北部为喜马拉雅高山地带，中部为山地河谷地带，南部为低山平原地带。由于各种综合因素，不丹的气候复杂，常常"一山有四季，十里不同天"。南部山区属亚热带气候，湿润多雨；中部地区河谷宽阔，气候温和；北部高山区气候严寒，人烟稀少。

■ 3.注重环保的不丹

不丹政府致力于实现国家的现代化，其人均收入在南亚各国中是比较高的。发展经济的同时，不丹还非常重视保护环境和生态资源，每年只允许6000名外国游客入境旅游，而且他们的行程还必须经不丹政府的仔细审核。为表彰不丹国王和人民在环保领域的突出贡献，联合国将首届"地球卫士奖"授予了国王旺楚克和不丹人民。

🌀 传统的佛教文化深入到了不丹人民生活的各个层面，在不丹，处处可见舍利塔、寺庙、纪念塔和经幡等。

1

◁ 国名全称　文莱达鲁萨兰国　　　　　　◁ 国土面积　约5765平方千米　　　　　◁ 主要城市　斯里巴加湾市、
　　　　　　Brunei Darussalam　　　　　◁ 人口数量　36万左右　　　　　　　　◁ 典型气候　热带雨林气候
◁ 国家首都　斯里巴加湾市 Bandar Seri Begawan　◁ 语　言　官方语言是马来语，通用英语

文莱 ❧

1. 石油小王国

　　文莱地处加里曼丹岛北部，北濒南中国海（南海），东、南、西三面与马来西亚的沙捞越州接壤，并被沙捞越州分隔为不相连的东西两部分。其海岸线长约161千米，沿海为平原，内地多山地，有33个岛屿。东部地势较高，西部多沼泽地。这里属于热带雨林气候，炎热多雨，年均气温28摄氏度以上。

　　文莱素以"东方石油小王国"著称，已探明的石油储量为16亿桶，天然气储量为3200亿立方米。这使得文莱成为东南亚第三大产油国和世界第四大液化天然气生产国。石油和天然气的生产和出口是文莱的经济支柱，占其国内生产总值的36%和出口总收入的95%。

赛福鼎清真寺：位于斯里巴加湾市中心，建于1958年。该寺是东南亚最宏伟的清真寺之一，也是该市的标志，高52米，金色圆顶，所用建材和装饰都是世界上最豪华的，如意大利的云石、英国的彩色玻璃与吊灯等。该寺非伊斯兰教徒不准进入。

2. 斯里巴加湾市

　　斯里巴加湾市始建于中世纪，16世纪时以手工业闻名。它位于文莱湾西南，离文莱河口14.5千米。原为沿河分布的几十座水上聚落，现为现代化城市，有豪华宫殿、体育馆、博物馆和大清真寺等。居民主要为马来人和华人。第二次世界大战时，斯里巴加湾市曾遭日军严重破坏，1984年文莱独立后，随着石油经济的高速发展，城市建设也日新月异。交通联系全国各地，主要滨海公路可通往诗里亚和白拉奕，港区有2座码头。1973年，该市建成现代化国际机场，航线通往新加坡、曼谷、马尼拉、吉隆坡等地。斯里巴加湾市风景秀丽，多历史古迹，是东南亚的游览胜地。名胜古迹有博尔基亚苏丹陵墓、丘吉尔纪念馆、国家博物馆等。

3. 富裕的文莱人

　　文莱是当今世界上最富裕的国家之一，人均富有程度达到了世界第二。在文莱，全体国民不必交税，并且享有免费医疗和免费教育。每两个文莱人就有一部小汽车，政府还积极推行"居者有其屋"的政策。文莱社会安定，民风淳朴，出于文化和宗教的影响，绝大多数居民仍保持着传统的生活方式。他们宁愿住在建于水上的高脚屋内，也不愿意住进建在平地上的高楼大厦。

◁ 国名全称　柬埔寨王国　　◁ 国土面积　约18万平方千米　　◁ 主要城市　金边
　　　　　　Kingdom of Cambodia　◁ 人口数量　1340万左右　　◁ 典型气候　热带季风气候
◁ 国家首都　金边 Phnom Penh　　◁ 语　言　高棉语、英语和法语

>>>>>>>>>>>>>>>>>>
亚洲国家地理

❀ 柬埔寨

■ 1. 湄公河畔的古国

柬埔寨位于中南半岛南部，东部和东南部同越南接壤，北部与老挝交界，西部和西北部与泰国毗邻，西南濒临泰国湾。海岸线总长460千米。大体来说，柬埔寨的地形三面高、中间低，向东南开口。东、北、西三面被山地、高原环绕，大部分地区都被森林覆盖。东部为倾斜平缓的高原，北部边境是东西延伸的扁担山脉，西南边境是豆蔻山脉，中部是宽广平坦的湄公河三角洲平原。平原土壤肥沃，是主要农业区。其中心地势低洼，形成洞里萨湖，又称金边湖。它是湄公河的天然蓄水池，其水量根据季节的不同变化很大。

■ 2. 首都金边

金边是柬埔寨的首都，位于湄公河、洞里萨河及巴萨河的交汇处，是全国最大的城市，也是全国政治、经济和文化中心及水运、公路、铁路、航空的交通枢纽。金边是一座文化古城，市内有很多古迹和风景名胜。金边王宫位于城内塔山公园东南约2000米处，建于1866年法国人统治的时期，保留了11世纪柬埔寨全盛时期的吴哥建筑风格。金边僧侣很多，可以说是世界上宗教职

业比例最高的城市之一。这里寺庙林立，佛塔参天。其中最宏伟的要数乌那隆寺，它位于洞里萨湖畔，是柬埔寨的佛教总部。寺内有金边最大的佛塔，相传大佛塔内还藏有佛祖的毛发。

■ 3. "东方奇迹"吴哥窟

在金边西北约310千米处的吴哥古迹群，是吴哥王朝的都城遗址。现存古迹主要包括吴哥王城和吴哥窟。它前后用400余年建成，共有大小各式建筑600余座。

吴哥窟的平面设计犹如4个大小不一的"口"字相叠套，形成里外三层，体现了佛教须弥山世界的思想。吴哥寺内各层回廊两侧都饰有浅浮雕，长达800多米，内容多与佛教、印度教的两大史诗《罗摩衍那》和《摩诃婆罗多》有关。

> 金边王宫：金边王宫建于1866至1870年，是前任国王西哈努克的皇宫、金边最辉煌的建筑之一，也是柬埔寨的权力中心。

◁ 国名全称	塞浦路斯共和国 The Republic of Cyprus	◁ 国土面积	约9000平方千米	◁ 主要城市	尼科西亚、利马索尔
◁ 国家首都	尼科西亚 Nicosia	◁ 人口数量	87万左右	◁ 典型气候	地中海气候
		◁ 语　言	官方语言为希腊语和土耳其语, 通用英语		

塞浦路斯

■ 1. "黄铜之国"

　　"塞浦路斯"在希腊文中是铜的意思, 所以该国也被誉为"黄铜之国"。它是地中海东部的岛国, 与希腊、土耳其、叙利亚、黎巴嫩、以色列、埃及隔海相望, 自古以来就是连接中东、非洲和欧洲的交通要道, 现代人把它比喻为"东地中海不沉的航空母舰"。

　　塞浦路斯东西长241千米, 南北宽97千米, 为地中海第三大岛, 海岸线长537千米。其北部为狭长的凯里尼亚山脉, 多丘陵; 中部是肥沃的美索利亚平原; 西南部为特鲁多斯山脉, 地势较高。岛上没有一条终年流淌着水的河流, 只有少数间歇河。其最高峰是奥林匹斯山, 海拔1950米。

■ 2. 古老的尼科西亚

　　尼科西亚是塞浦路斯的首都和尼科西亚行政区的行政中心, 位于塞浦路斯岛中部的迈萨奥里亚平原中央、派迪亚斯河的沿岸, 海拔约150米, 扼守南、北两侧山地间的交通要道。

　　据说尼科西亚始建于公元前280年, 在公元前7世纪时已是岛上的重要聚落。后来几经沧桑, 现在的城市风貌反映出了塞浦路斯的历史变迁和东西方的影响。尼科西亚分新旧两城, 其中旧城是全国的宗教中心、东正教大主教驻地, 分布着图书馆、民间艺术博物馆等许多文化部门; 工业区主要分布在新市区, 现代化建筑较多, 那里的商业也很繁荣, 小麦、水果、牛、羊等贸易旺盛。尼科西亚的公路交通运输发达, 也是地中海东部重要的国际航空港之一。

　　塞浦路斯的传统手工业主要有陶器、纺织、刺绣等。其中陶器制作精美、工艺精良, 深受国外游客的欢迎。

■ 3. 塞浦路斯咖啡

　　塞浦路斯人对本国美味的咖啡非常满意。那里的咖啡多分三种: 一种是过滤式咖啡, 即在塑料制滤网内放上咖啡豆, 然后放在咖啡杯上, 自己冲热水; 一种就是常见的速溶咖啡; 还有一种是将咖啡和热水一起倒在一个和面包一样大小的小锅里, 放在滚烫的沙上煮开, 味道和前两种截然不同。

　　帕福斯古希腊遗迹: 帕福斯位于塞岛西南部, 曾经是塞浦路斯的首都。这里一直被奉祀为爱神圣地, 传说阿芙罗狄蒂(维纳斯)就诞生在附近海浪拍打岸边巨岩激起的泡沫之中。至今帕福斯仍留存着许多古希腊和古罗马的遗迹。

◁ 国名全称	格鲁吉亚	◁ 国土面积	约6.97万平方千米	◁ 主要城市	第比利斯、库塔伊西
	Georgia	◁ 人口数量	550万左右	◁ 典型气候	亚热带气候、温带气候
◁ 国家首都	第比利斯 Tbilisi	◁ 语　言	官方语言为格鲁吉亚语，居民多通晓俄语		

亚洲国家地理

格鲁吉亚

■ 1. 高山国家

　　格鲁吉亚位于连接欧亚大陆的外高加索中西部，包括外高加索整个黑海沿岸、库拉河中游和库拉河支流阿拉扎尼河谷地。它西临黑海，西南与土耳其接壤，北与俄罗斯接壤，东南和阿塞拜疆及亚美尼亚共和国毗邻。全境约三分之二为山地和山前地带，大部分海拔都在1000米以上。境内最高峰什哈拉峰，海拔5068米。格鲁吉亚的气候从亚热带气候过渡到温带气候，西部为湿润的亚热带海洋性气候，东部则为干燥的亚热带气候。国内主要河流有库拉河和里奥尼河。

■ 2. 战略要地第比利斯

　　第比利斯建都于公元前4世纪，是格鲁吉亚多个朝代的首都，现在成为格鲁吉亚的经济、文化中心，也是该国最大的城市。它位于格鲁吉亚中东部的库拉河畔，面积348平方千米，库拉河从市区由西向东穿过。19世纪起，该地即成为俄国与土耳其的交通要冲，战略地位很高，如今是重要的交通枢纽和格鲁吉亚军事公路的终点。

　　第比利斯市是外高加索的著名古都，市内保存有中世纪建造的城堡和教堂钟楼。库拉河右岸山顶上耸立着"格鲁吉亚母亲"的巨石塑像。该市西北76千米处的哥里市是斯大林的故乡，有斯大林故居、斯大林纪念馆和斯大林的全身塑像。

■ 3. 信仰忌讳

　　格鲁吉亚人大多信奉俄罗斯东正教，部分人信仰伊斯兰教。他们很忌讳"13"这个数，认为"13"是个兆凶的数字，非常不吉利。他们对吃饭时发出很大声音有特殊的反感，认为这样有失文雅。格鲁吉亚人在众人面前一般不会做出擦鼻涕、抠鼻孔、吐痰等举止，因为他们认为这些都是缺乏教养的表现。当地居民大多厌恶黑色，尤其讨厌黑猫，谁若见到后都会感到很懊丧。

> 第比利斯市：第比利斯是格鲁吉亚的工业中心，以机械制造和金属加工业为主，还生产飞机、金属切削机床、农机、电机、精密仪器等设备。轻工业方面，食品加工比较发达，丝纺织和制鞋业亦盛。

◁ 国名全称　印度共和国
The Republic of India
◁ 国家首都　新德里 New Delhi
◁ 国土面积　约300万平方千米
◁ 人口数量　11.3亿
◁ 语　言　印地语、英语
◁ 主要城市　新德里、加尔各答
◁ 典型气候　热带季风气候

印度 🌸

⑤
印度舞女。

■ 1. 南亚次大陆的古国

印度位于南亚次大陆，与巴基斯坦、中国、尼泊尔、锡金、不丹、缅甸和孟加拉国为邻，濒临孟加拉湾和阿拉伯海。印度按照地形特征大致可以分为三部分：北部喜马拉雅山区、中部恒河平原区和南部德干高原区。喜马拉雅山区气候严寒，地形险要，交通不便。中部平原区由印度河、恒河和布拉马普特拉河三大水系的盆地组成，是世界上最大的冲积平原之一。这里气候温和，土地肥沃，雨量充足，是主要农作物区和经济发达的地区。南部高原地区即德干高原，与中部平原区之间有文迪亚山脉相隔。该地区属热带气候，适合农作物生长。

■ 2. 七城之后：新德里

新德里是印度的首都，位于恒河支流亚穆纳河畔的德里城。历史上曾先后出现过7个德里城。新德里始建于1911年，是德里的第8座城。

它现在是印度的政治中心，印度中央政府各部门都设在这里，也是印度的文化教育中心，有许多著名的博物馆、纪念馆、高等学府和科研机构。新德里城区街道宽敞幽静，绿树成阴，中心地带还有保护得非常好的大片自然森林；街上终日行人稀疏，宽敞的大道上难见车水马龙、交通拥堵的现象。使馆区环境则更好，有近百个使馆都集中在这个地区。各国使馆都以自己的民族风格建造，展示着各国建筑文化的风采。

■ 3. 名胜泰姬陵

泰姬陵位于亚穆纳河畔，相传是印度莫卧儿王朝第五代皇帝沙贾汗为纪念亡妻修建的陵墓。泰姬陵始建于1632年，历时22年才完工。来自印度全境和中亚乃至中国的成千上万的工匠为修建这座世界新七大奇迹之一的陵墓奉献了汗水和才智。

泰姬陵的主体建筑是用纯白大理石砌建而成的。陵墓上下左右工整对称，中央圆顶高62米，四周有四座高约41米的尖塔，塔与塔之间耸立着镶满35种不同类型宝石的墓碑。陵园占

⑤
泰姬陵：泰姬陵是伊斯兰教建筑中的代表作。它由殿堂、钟楼、尖塔、水池等构成，全部用纯白色大理石建筑，用玻璃、玛瑙镶嵌，绚丽夺目，有极高的艺术价值。

印度流传着一句俗语："没有咖喱不成席。"走进当地大大小小的餐厅，无论是点鸡和羊之类的肉食，还是蔬菜或奶酪这样的素食品，最后端上来的菜都是一块块的主料淹没在浓稠的咖喱汁里。在印度，咖喱比肉更重要。

亚洲国家地理

地17万平方米，为一略呈长形的圈状，四周以红沙石砌墙，进口大门也用红岩砌建，大约两层高，门顶的背面各有11个典型的白色圆锥形小塔，大门一直通往沙贾汗和王妃的下葬室。陵墓的前面是一条清澄水道，水道两旁植有果树和柏树。

■ 4. 最大城市加尔各答

加尔各答是印度人口最多、规模最大的城市，也是印度的主要港口。它位于恒河三角洲胡格利河左岸，濒临孟加拉湾。加尔各答市区以大贺胥广场为中心，西孟加拉邦政府、议会、法院等机构均设此。加尔各答工业发达，作为印度的文化教育中心之一，它还有博物馆、图书馆、美术馆和原子能研究所等机构。加尔各答还是一个名副其实的古老而辉煌的艺术、宗教、哲理的"历史博物馆"，每年都吸引了大批国外游客前来参观、游览。

■ 5. 印度的软件业

印度的软件业非常发达。印度是个发展中国家，综合国力不强，因此印度政府的发展策略是从几个主要产业入手，使用有限的资源和集中的政策扶持发展相关产业。20世纪80年代初，拉吉夫·甘地政府明确提出："要用电子革命把印度带入21世纪。"其政府推动和政策切入点就是软件业。目前，印度已成为世界五大软件供应国之一，也是仅次于美国的第二大软件出口大国。印度软件的出口规模、质量和成本三项综合指数居世界首位。目前，印度的计算机软件产品已经销往世界91个国家，信息技术产品

出口额占全国出口总额的15%以上。

■ 6. "东方好莱坞"

印度有"电影王国"和"东方好莱坞"之誉，其电影年产量目前居世界前列。全印度拥有近100家电影制片厂、1.3万家电影院、500多种电影杂志、30多万电影从业人员，年耗资约30亿美元。印度电影业既满足了12亿印度人文化娱乐的需要，又提供了大量的就业机会，创造了高额的利润和税收，已经成为印度重要的支柱产业。

■ 7. 印度咖喱

"咖喱"一词来源于坦米尔语，是"许多的香料加在一起煮"的意思。地道的印度咖喱以丁香、小茴香子、胡荽子、芥末子、黄姜粉和辣椒等调配而成，所以正宗的印度咖喱辣度强烈。只要在印度吃饭，就无法逃离咖喱的"纠缠"。在印度餐馆，常常能看到印度人餐毕后的盘中几乎不留一点汤汁，而肉反而会被剩下。

维多利亚纪念馆：加尔各答是一座历史文化名城，城内有许多名胜古迹。著名的维多利亚纪念馆就是其中之一。该馆是一座欧洲文艺复兴时代风格的雄伟建筑，馆内陈列了许多表现维多利亚时代大事的绘画和女皇诏谕、纪念品等。

1

◁ 国名全称　印度尼西亚共和国　　◁ 国土面积　约190万平方千米　　◁ 主要城市　雅加达
　　　　　　The Republic of Indonesia　◁ 人口数量　2.17亿左右　　　◁ 典型气候　热带雨林气候
◁ 国家首都　雅加达 Jakarta　　　　◁ 语　言　印度尼西亚语

印度尼西亚

■ 1. 千岛之国

　　印度尼西亚共和国通常简称"印尼"。它位于亚洲东南部，地跨赤道。其北部的加里曼丹岛与马来西亚接壤，南部新几内亚岛与巴布亚新几内亚相连。东北部面临菲律宾，西南部是印度洋，东南与澳大利亚相望。印尼是世界上最大的群岛国家，由太平洋和印度洋之间1万多个大小岛屿组成，其中约6000个有人居住，素称"千岛之国"。印尼的地形以山地和高原为主，仅沿海有平原。火山地震频繁，因为它是环太平洋火山地震带的组成部分。除加里曼丹岛外，其余各岛均有火山分布，全国共有火山400多座，其中活火山120多座。所以印尼又有"火山之国"之称。

■ 2. "椰城"雅加达

　　印度尼西亚的首都雅加达位于爪哇岛西部北岸，濒临雅加达湾，是一个重要的国际通商港口。它是一座历史悠久的名城，几百年以前就已经成为出口胡椒和香料的著名海港，称为"巽达加拉巴"，意思是"椰林密布之地"或"椰子林的世界"。1527年，穆斯林首领领导印尼人民打败了葡萄牙殖民者的舰队，收复了巽达加拉巴，把这里改名为查雅加尔达，意思是"胜利之城"、"光荣的堡垒"，雅加达的名称就由此演变而来。

　　今天的雅加达是印度尼西亚海陆交通的枢纽，也是太平洋与印度洋之间的交通咽喉和亚洲通往大洋洲的重要桥梁。

■ 3. 度假胜地巴厘岛

　　巴厘岛是爪哇以东小巽他群岛中的一个岛屿，面积约5560多平方千米，西距首都雅加达约1000多千米，与爪哇岛隔海相望。该岛

地处热带，受热带海洋的影响，气候温和多雨，土壤肥沃，四季绿水青山，万花烂漫。巴厘岛人生性爱花，处处用花来装饰，因此，巴厘岛又有"花之岛"的美称。岛上沙努尔、努沙·杜尔和库达等处的海滩都是景色最美的海滨浴场。那里沙滩开阔、海水湛蓝清澈，各国游客络绎不绝。

　　巴厘岛的雕刻、绘画和手工业品都以其精湛的技艺与独特的风格闻名遐迩。在岛上处处可见木石制成的精美雕像和浮雕，最著名的木雕中心叫做玛斯。巴厘岛的绘画也别具一格，大都是用胶和矿物颜料直接画在粗麻布或白帆布上，主题取材于田园风光和生活习俗，具有浓郁的地方色彩。

■ 4. 东方五大奇迹之一

　　婆罗浮屠位于印尼爪哇岛中部的马吉冷婆罗浮屠村，坐落在默拉皮火山山麓一个矩形的小山丘上。这座宏伟瑰丽的佛教艺术建

> 巴厘岛上的寺庙：受印度宗教文化的影响，巴厘岛居民大都信奉印度教，因岛上有许多寺庙，该岛又被称为"千寺之岛"。

筑与中国的长城、印度的泰姬陵、柬埔寨的吴哥古迹和埃及的金字塔齐名，被誉为"古代东方的五大奇迹"。

婆罗浮屠梵文意为"山丘上的佛塔"，约建于8世纪后半期至9世纪初。它是一座实心佛塔，没有门窗，也没有梁柱，完全用附近河流中的安山岩和玄武岩砌成，基层呈四方形。整个建筑物共有大小佛像505尊，是当时世界上最大的佛教建筑之一。塔内各层都有回廊，回廊两旁的石壁上刻有各式各样的浮雕。所有浮雕玲珑剔透，栩栩如生，堪称是艺术珍品，所以这里又有"石块上的史诗"之称。

■ 5. 资源丰富的宝岛

印尼资源丰富，在东南亚有"热带宝岛"之称。截至2003年，其石油探明储量是47.2亿桶，天然气探明储量有73万亿立方米，森林面积为11.5万平方千米。

现在的印尼已成为东盟最大的经济体之一。农业和油气产业是其传统支柱产业。全国59%的人口都在从事包括林业和渔业在内的农业生产。印尼的可可、棕榈油、橡胶和胡椒产量均居世界第二位，咖啡产量居世界第四位。印度尼西亚还是石油输出国组织（OPEC）成员国，日产原油约140万桶。石油是国家外汇收入和财政收入的重要来源之一。

沙爹美食：沙爹是印尼、马来等东南亚地区不可缺少并富有地方特色的调味料，味道十分独特。

雅加达：雅加达是一座传统与现代、富有与贫穷对比强烈的城市。随处可见低矮的瓦屋掺杂在林立的高楼大厦之间，青石小巷与柏油大道交叉纵横，金碧辉煌的高级酒店与高科技中心错落有致。

■ 6. 美食与长裙

印尼菜口味较重，菜肴中经常加入椰浆及胡椒、丁香、豆蔻、咖喱等调味品，餐桌上还常配着辣椒酱。印尼各地菜肴中，最典型的是巴东菜，以油炸及辣味重而闻名。当地人喜欢吃"沙爹"、"登登"、"咖喱"、凉拌什锦菜和什锦黄饭等特色菜。印尼风味小吃主要包括煎香蕉、糯米团、鱼肉丸、炒米饭及各种烤制糕点。

印尼女子的上衣长而宽敞，特点为对襟长袖，无领，多配以金色大铜扣。爪哇族和巴厘族的女性上衣则十分简单，下身是称做"沙龙"的长裙。所谓"沙龙"，其实就是将一块布围在腰间，形成筒状。印尼天气炎热，无论男女都喜欢穿沙龙。典型的男性衣着就是衬衫式上衣搭配长裤形沙龙。

印度尼西亚的国花是毛茉莉，毛茉莉花朵洁白、馨香，高脚蝶形状，花期较长。

1.

◁ 国名全称　伊朗伊斯兰共和国　　　　　◁ 国土面积　约165万平方千米　　　　　　◁ 主要城市　德黑兰、库
　　　　　The Islamic Republic of Iran　　◁ 人口数量　6747万左右　　　　　　　◁ 典型气候　温带大陆性
◁ 国家首都　德黑兰 Tehran　　　　　　　◁ 语　　言　官方语言为波斯语，使用阿拉伯字母拼写

伊朗 ❀

■ 1. "东西方的走廊"

　　伊朗位于亚洲西南部，是南亚、东亚到小亚细亚和欧洲陆路交通的必经之路，素有"欧亚路桥"之称。它北邻亚美尼亚、阿塞拜疆、土库曼斯坦，西与土耳其和伊拉克接壤，东面与巴基斯坦和阿富汗相连，南面濒临波斯湾和阿曼湾。伊朗的国土绝大部分在伊朗高原上，属于高原国家，平均海拔超过1000米。中部有较为平坦的高原；北部是厄尔布鲁士山脉；西北部是亚美尼亚高原的一部分，多山间盆地；西南部和南部有许多平行的山岭；东部是干燥的盆地，形成了许多沙漠。伊朗的东部和内地属大陆性的亚热带草原气候和沙漠气候，西部山区属地中海气候，其中锡斯坦盆地是亚洲最热的地区之一。

伊斯法罕皇家清真寺：伊斯法罕是伊朗中部城市，市内最著名的建筑便是伊斯法罕皇家清真寺。该寺采用圆顶拱架结构，两旁有两个供神职人员登高呼唤教徒做礼拜的尖塔。

■ 2. "山脚下"的德黑兰

　　"德黑兰"一词在古波斯语中是"山脚下"的意思。9世纪时，这里还是一个隐蔽在梧桐林中的小村庄，13世纪起日渐兴旺，1788年，伊朗卡贾尔王朝把这里定为首都。20世纪60年代以后，由于伊朗石油财富剧增，这座城市也获得了空前的发展。目前，它不仅是伊朗最大的城市，也是西亚最大的城市。

　　德黑兰最大的特点是一年四季都盛开着各种鲜花。居民酷爱种花、养花、赏花，许多较为富裕的家庭都在自己家门前辟出一块园地种上花，形成一个小花园。因此，德黑兰又有"鲜花城市"的美誉。

　　德黑兰市区名胜古迹和博物馆众多，其中著名的有卡贾尔王朝于18世纪先后建立的两道城墙、富丽堂皇的古勒斯坦宫和大理石宫。市内还有陈列着丰富历史文物的考古博物馆、国家中央银行地下保险库的珍宝博物馆以及专门展览驰名世界的波斯地毯的博物馆、纪念波斯帝国成立2500年而修建的自由纪念塔等。

■ 3. 丰富的资源

　　伊朗的石油和天然气储量丰富，经济以石油开采业为主，也发展炼油与石油化工，另有钢铁、机械等工业部门。石油是伊朗的经济命脉。目前，伊朗是世界第二大原油出口国，已探明的石油储量为930亿桶，占世界总储量的10%；已探明的天然气储量为24万亿立方米，占世界总储量的16%，仅次于俄罗斯。

■ 4. 波斯建筑

　　公元前5世纪左右，波斯帝国（伊朗古称）国势强盛。波斯建筑继承了两河流域的传统，汲取了希腊、埃及等地区的建筑成就并有所发展。坐落在伊朗扎格罗斯山区盆地中的波

斯波利斯王宫遗址，可以说是波斯建筑的杰出代表。

波斯波利斯的宫殿建筑在巨石垒成的高台上，有大王听政的殿堂和百柱大厅，浮雕和壁画形象生动、庄严肃穆，显示出国王的尊严。根据波斯波利斯王宫正门上的铭文，薛西斯一世修建了万国之门。据说王宫前面还有官吏和普通居民的住宅，可惜今天已经荡然无存。波斯波利斯有一条通向波斯帝国所有城镇的大道，正因为如此，波斯皇帝建立了一个道路网，使四面八方的人们都能够来到这里。在当时那种交通落后的时代，这是一个巨大的成就。

■ 5. 地毯王国

伊朗的地毯编织艺术具有5000多年的历史。早在6世纪，波斯地毯就已经世界闻名了。波斯地毯文质细腻、图案清晰、色彩稳定。它的主要原料是毛、丝、棉。一般地毯用棉绳作经线，织就后平整、结实；优质地毯则用丝作经线，毛作纬线，织成绒面。

波斯地毯还非常注重使用天然颜料，以至于历经百年仍然色彩鲜艳如故。伊朗的羊毛颜色本身多种多样，有黑色、米色、棕色、黄色。需要染色时，多使用植物的根、茎、皮提取的染料。

地毯出口是伊朗非石油产品出口中最主要的商品。据伊朗官方透露，伊朗有220万人从事地毯编织工作，每年编织地毯750万平方米，其中85%用于出口。

■ 6. "黑黄金"鱼子酱

鱼子酱在波斯语中意为鱼卵。鱼子酱即是鱼卵经过精心筛选、轻微盐渍之后的产品。不过只有鲟鱼的鱼卵制品才能算得上真正意义上的鱼子酱，其中以产于接壤伊朗和俄罗斯里海的鱼子酱质量最佳。

> 伊朗是里海沿岸最大的鱼子酱生产国之一。鱼子酱在国际市场上需求旺盛，价格高昂。伊朗生产的上等鱼子酱在国际市场上每千克的售价相当于1个伊朗工人半年的工资。

在伊朗，鱼子酱是政府的管制食品，除了供应富商巨贾、欧洲皇室之外，供应民间的数量相当有限，因为珍贵而有了黄金般的身价。鱼子酱素有"黑黄金"之称，其中产自白鲟的鱼子酱在莫斯科市场售价，每千克超过830美元，而在英国伦敦，每千克能卖到5000多美元。

> 波斯波利斯宫城遗址：波斯波利斯是伊朗古波斯帝国阿基梅尼德王朝时期的宫城遗址。宫城建在12米高的平台上。现遗址中最明显的就是13根高高耸立的残柱。此外，地面上还残留着数百个石柱基。

伊拉克

1. 两河流域的古国

　　伊拉克位于亚洲的西南部，阿拉伯半岛的东北部。它北接土耳其，东邻伊朗，西毗叙利亚、约旦，南连沙特阿拉伯、科威特，东南濒波斯湾，出海口仅为东南端波斯湾头的一小段海岸。伊拉克西南地区是阿拉伯高原的一部分，向东部平原倾斜；东北部有库尔德山地，西部为沙漠地带，高原与山地间则是占国土大部分面积的美索不达米亚平原，平原的绝大部分海拔不足百米。幼发拉底河和底格里斯河自西北向东南贯穿伊拉克全境，两河在库尔纳汇合为阿拉伯河，注入波斯湾。

　　除东北部山区属地中海气候外，多数地区皆为热带沙漠气候。伊拉克全境内只有扎格罗斯山地一带降水较多，绝大部分地区的气候都非常干燥。

2. "神赐之地" 巴格达

　　赫赫有名的古都巴格达位于伊拉克中部，它横跨底格里斯河，距幼发拉底河仅30千米。"巴格达"一词来源于古波斯语，意为"神赐的地方"。762年，阿拉伯帝国的首都从大马士革迁到巴格达，使这里成为阿拉伯地区最重要的政治、文化、贸易中心，盛极一时。它利用底格里斯河方便的水运条件，同世界各地进行频繁的贸易往来，繁荣程度可与中国盛唐的首都长安相媲美。

　　到了现代，鼎盛时期的巴格达也是一座现代大都市。底格里斯河从东北向西南穿过市区，9座造型各异的大桥把城市东西两部分连接起来。作为国际会议中心的不结盟大厦、豪华的巴比伦饭店、曼苏尔饭店等现代化建筑耸立在大河两岸，与上百座清真寺的金色塔尖交相辉映，显示出巴格达的独特风格。不过，海湾战争以后，巴格达这个曾经美丽而宁静的城市已不复存在，有段时间这里甚至每天都会发生汽车炸弹爆炸事件，高大厚重的水泥防护墙成为巴格达的"标志性建筑"。

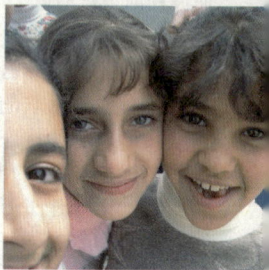

伊拉克的儿童

3. 丰富的石油资源

　　伊拉克石油资源丰富，石油储量仅次于沙特阿拉伯，占世界第二位。其石油工业主要为石油的开采和提炼，曾经一度实现了国

深井钻油机械：伊政府公布的数据显示，伊拉克已探明石油储量为1150亿桶，居世界第二位。

有化。其北部油区可以通过油管在黎巴嫩、叙利亚与土耳其的地中海港口处输出原油，南部油田则通过油管至沙特阿拉伯的红海岸延布油港输出原油。此外还有炼油与石油化工以及纺织、食品、烟草、水泥等工业。

自1991年海湾战争和2003年伊拉克战争后，伊拉克受到了严厉制裁，其海外全部资产被冻结，世界许多国家也停止了和伊拉克的贸易往来，这使得伊拉克经济遭受了严重打击，基本处于瘫痪状态。

■ 4. 古文明的摇篮

两河流域是古代人类文明的摇篮之一。约公元前4700年，生活在美索不达米亚平原的苏美尔人已在伊拉克这块土地上创造着人类最初的文明。底格里斯河和幼发拉底河中下游，通常称做美索不达米亚平原。这个地方是古代人类文明的重要发源地之一，创造了举世闻名的两河流域文明。两河流域文明由苏美尔文明、巴比伦文明和亚述文明三部分组成，巴比伦文明是其中的典范。

■ 5. 巴比伦古城

位于巴格达东南90千米处的巴比伦古城，是人类古代文明的四大发祥地之一，建于4000多年前。公元前1800年至前600年，巴比伦是两个强盛的巴比伦王国的首都，也是当时世界上最大的城市。在鼎盛时期，这里建有宏伟的宫殿、辉煌的庙宇、高耸的楼台和用釉砖装饰的墙壁。全城坚固的城墙周长达22千米。城内街道纵横，房舍毗连，人口达到数十万。

进入古城遗址，首先映入眼帘的是高12米的拱形宏伟城门。城门上镶嵌着许许多多彩色的公牛、雄狮，以及由龙头、蛇尾、狮爪、鹰爪等组成的神奇动物。城内最著名的大街——仪仗大街，又称圣道，路面用石块铺成，并浇注沥青，被称为全球"第一条柏油马路"。

■ 6. "空中花园"

"空中花园"被誉为世界七大奇迹之一，是巴比伦古城中最突出的建筑。相传在公元前6世纪，新巴比伦国王尼布甲尼撒二世娶了米底公主。她不胜巴比伦的炎热，经常思念故乡的山水和花草树木。为此，国王决定在幼发拉底河平坦的土地上建造一座花园。这是一座高达25米的多层平台建筑，一层一

萨尔贡一世国王浮雕像：萨尔贡一世是阿卡德王国（属苏美尔文明的一部分）的创建者。他执政期间，一方面不断进行军事征服以扩大自己势力，另一方面还注重国内建设，大力发展经济。虽然阿卡德王国只存在了100多年，但在古代西亚历史上占有重要地位，其军事组织更开了国家常备军建设的先河。

层向中间收拢，各层平台均用大理石柱支撑，上面铺设防渗漏材料和厚厚的泥土，栽植各种花木。这座宏伟的建筑远远望去就像悬在空中一般，故称为"空中花园"。

■ 7. 《一千零一夜》

《一千零一夜》（旧译《天方夜谭》）是中古阿拉伯文学中一部规模宏大、内容丰富的民间故事集。全书共有134个大故事，每个大故事又包括若干小故事。《一千零一夜》是劳动人民的集体创作，从口头创作到编订成书经历了一个漫长的历史过程，大约到16世纪才最后定型。

日本

1. 东亚岛国

　　日本是一个位于太平洋西岸的岛国，四个主要岛屿分别为北海道、九州、本州和四国，除此之外，还有3000多个小岛。全国73%的地域是山区。由于平原较少，日本很多山上都种植农作物。

　　日本是一个地貌特征很奇特的国家。它多山地、多地震、多温泉、多火山、多森林、多河流、多湖泊，但是平原狭小，资源贫乏。日本位于太平洋的火山带，全国时常会发生火山活动，严重的地震则每个世纪都会发生几次。日本的温泉很多，并且大多已经发展成为旅游景点。由于日本的岛屿几乎垂直地从北部延伸到南部，所以各地的气候差异较大。北部地区夏天温暖，冬天则十分漫长、寒冷，还时常有大量降雪；而中西部地区则冬天比较干燥，很少下雪，夏天潮湿。

2. 国际都市：东京

　　日本首都东京是一座现代化的国际城市，位于本州关东平原南端，是世界上人口最多的城市之一。500多年前，东京还是一个人口稀少的小渔镇，当时叫"江户"。1457年，一位名叫太田道灌的武将在这里构筑了江户城。此后，这里便成了日本关东地区的商业中心。1868年"明治维新"后，天皇迁都至此，改江户为"东京"。

　　东京是日本全国的政治中心，行政、立法、司法等国家机关都集中在这里。它也是日本的经济中心，日本的主要公司也大都集中在这里。东京同它南面的横滨和东面的千叶地区共同构成了闻名日本的京滨叶工业区。东京金融业和商业发达，对内对外商务活动频繁。素有"东京心脏"之称的银座，是当地最繁华的商业区。

　　东京还是日本的文化教育中心，各种文化机构密集。坐落在东京的大学占全国大学总数的三分之一，在这些大学就读的学生则占全国大学生的一半以上。东京作为一个国际性的大都市，还经常举办各种国际文化交流活动，如东京音乐节和东京国际电影节等。

和服是日本的传统服饰。其本身的织染和刺绣，还有穿着时的繁冗规矩，使它俨然成了一种艺术品。

东京夜色：东京不仅是日本的政治、经济、文化中心和日本的交通枢纽，也是世界著名旅游城市之一。我国著名文学家，如鲁迅、郭沫若等青年时代都曾在东京求学。

东京的交通很便利，时速200千米的新干线从东京延伸到九州，并向东北方面延伸。地下铁道几乎能到达所有的重要地区。铁路、公路、航空和海运组成了一个四通八达的交通网，通向全国及世界各地。

■ 3. "真正的日本"：京都

京都府位于日本主要岛屿本州岛的中西部，是日本的宗教和文化摇篮，有"千年古都"之称，拥有全国最丰富的历史文化遗产，日本国内将近15%的重要文化遗产都可以在京都找到。京都的建筑结构参照中国唐朝的古都长安，带有浓厚的中国古建筑风格。

京都具有浓郁的日本风情，是日本人心灵的故乡。它是日本纺织物、陶瓷器、漆器、染织物等传统工艺品的产地，同时也是日本花道、茶道的繁盛之地。京都是接受日本文化熏陶最好之处，无论是艺术、佛教，还是民间手工艺。

京都一年四季都有值得观赏的景点，樱花节通常在每年的4月，大约持续一周。京都的岚山每每因赏花客云集而热闹非凡。

日本秋季漫长，多枫叶、红叶，与山清水

富士山：富士山呈圆锥状，对称均匀。自海拔2300米至山顶一带，均为火山熔岩、火山砂。

秀的风土相得益彰，被视为世界上红叶最美的国家之一。

■ 4. 静美的富士山

富士山位于日本东京西南方向约80千米处，是静冈县和山梨县境内的休眠火山，主峰海拔3776米，是日本国内的最高峰。整个山体呈圆锥状，恰似一把悬空倒挂的扇子，日本诗人曾用"玉扇倒悬东海天"、"富士白雪映朝阳"等诗句赞美它。

富士山是日本的象征之一，自古以来，它的名字就经常在日本的传统诗歌"和歌"中出现。在富士山山麓周围，分布着5个淡水湖，统称富士五湖，是日本著名的观光度假名胜地。由于火山的喷发，富士山在山麓处形成了无数山洞，有的山洞至今仍有喷气现象。

■ 5. 繁琐的礼节

讲究礼节是日本人民的习俗。比如，平时

人们见面总要互相鞠躬，并多次说"您好"、"再见"、"请多关照"等。初次见面的日本人对互换名片极为重视。初次相会不带名片不仅失礼，而且对方会认为你不好交往。互赠名片时，也要先行鞠躬礼，并用双手递接名片。接到对方名片后，需要认真看阅，再用点头动作表示已清楚对方的身份。

日本人无论是访亲问友或是出席宴会都要带去礼品，一个家庭每月都要花费一部分收入用于送礼。他们讲究装潢，礼品会包上好几层，再系上一条漂亮的绸带或彩色纸绳。在日本送礼一般不用偶数，这是因为偶数中的"四"在日语中与死同音。设宴敬酒时，人们往往要在桌子中间放一只装满清水的碗，并在每人面前放一块干净的白纱布。斟酒前，主人先将自己的酒杯在清水中涮一下，杯口朝下在纱布上按一按，使水珠被纱布吸干，再斟满酒双手递给客人。

■ 6. 优雅的茶道

在日本，茶道是一种通过品茶艺术来接待宾客、交谊、恳亲的特殊礼节。

茶道有繁琐的规程：茶叶要碾得精细，茶具要擦得干净，主持人的动作要规范，既要有舞蹈般的节奏感和飘逸感，又要准确到位。品茶则很讲究场所，一般均在茶室中进行。接待宾客时，待客人入座后，由主持仪式的茶师按规定动作点炭火、煮开水、冲茶或抹茶，然后依次献给宾客。客人

浮世绘： 浮世绘诞生之初是有装饰作用的。它为华贵的建筑做壁画，装饰屏风，尤其善于表现女性美。

按规定须恭敬地双手接茶，先致谢，而后三转茶碗，轻品、慢饮、奉还。日本茶道将日常生活与宗教、哲学、伦理和美学联系起来，成为一门综合性的文化艺术活动。

■ 7. "国技"相扑

相扑是日本一种传统的武术和体育运动项目，来源于日本神道教的宗教仪式，被尊为日本的"国技"。相扑比赛中，两名相扑手在场中角力，一方将对手扳倒或推出场外即为胜者。对日本人而言，相扑是一种高雅的运动，运动员要具备纯真、热心的素质以及诚实、果敢的修养。

相扑运动员分段，最高段是横纲，其次是大关，再次是关肋、小结、平幕和十两。十两以上称力士，是职业相扑手，收入不菲。相扑手过的是森严的等级制生活，连吃饭、上厕所、洗澡，也要根据等级地位列出严格的先后顺序。

■ 8. 独特的"浮世绘"

浮世绘，也就是日本的版画。它是日本江户时代（1603~1867年）兴起的一种带有独特民族特色的艺术奇葩，是典型的花街柳巷艺术。从其绘画素材看，70%以上的内容是妓画（暂称为"美人画"）和伎画（暂称为"艺人画"）。也就是说，作品主角是娼妓和艺伎。女性的裸体、性感美、色情是其标志性特征。用现代艺术眼光看，可算"人体绘画艺术"。

浮世绘常被认为专指彩色印刷的木版画（日语称为锦绘），但事实上也有手绘的作品。在世界艺术中，它呈现出独特的色调与风姿，历经300余年，影响深及欧亚各地。19世纪后半期，浮世绘被大量介绍到西方。当时西方的前卫画家，如马奈、惠斯勒、凡·高、毕加索、马蒂斯等人都从浮世绘中获得各种有意义的启迪。

◁ 国名全称　约旦哈希姆王国 　　　The Hashemite Kingdom of Jordan	◁ 国土面积　约9.6万平方千米 ◁ 人口数量　548万左右	◁ 主要城市　安曼、杰拉什 ◁ 典型气候　热带沙漠气候、 　　　地中海气候
◁ 国家首都　安曼 Amman	◁ 语　言　阿拉伯语、英语	

约旦

杰拉什半圆形露天剧场：该剧场可容纳至少3000名观众，至今仍举行歌剧演出。世界歌王帕瓦罗蒂和卡雷拉斯，都曾经在这个具有千年历史的舞台上献唱。

着山势起伏，街道两边式样各异的楼房从山下到山上整齐地排列着。历史上曾经多次遭到外来的侵略，先后被亚述人、迦勒底人、波斯人和希腊人占领，后来又被罗马人统治。第一次世界大战之后，安曼成为约旦的首都。

安曼分为旧城和新城两部分：旧城区充满着浓厚的阿拉伯风情，保存有很多罗马帝国时代的遗迹，如斗兽场、露天剧场以及宫殿等，至今仍有许多罗马帝国时期的遗址埋在地下有待挖掘；新城区多为别墅式建筑，有宾馆、体育馆、文化宫、剧场、纪念馆等，这些设计新颖的现代化建筑使这座古老的城市显得年轻而生机勃勃。

1. 高原之国

约旦位于亚洲西部、阿拉伯半岛的西北，属于阿拉伯高原的一部分。它西与巴勒斯坦、以色列为邻，北与叙利亚接壤，东北与伊拉克交界，东南和南部与沙特阿拉伯相连。地势西高东低，西部多山地，最西部为东非大裂谷带北延的裂谷带；东部和东南部为沙漠地带，沙漠面积占全国面积的80%以上。

约旦基本上是个内陆国家，亚喀巴湾是唯一出海口。首都安曼和西部山地属地中海气候，气候温和。约旦河是约旦境内唯一的一条河流，也是世界上地势最低的河川。

2. 首都安曼

约旦的首都安曼位于该国的北部，坐落在阿吉伦山地东侧，安曼河流过该地区。安曼是一座山城，城市建筑在周围7座小山冈上，随

3. 罗马古城杰拉什

杰拉什坐落在安曼市以北40千米处，是约旦境内保存得最完好的古罗马城市之一。杰拉什在公元前1600年就有人居住。公元前64年，罗马军队占领了叙利亚及其南部包括杰拉什在内的一些城镇之后，杰拉什才逐渐按照罗马建筑风格发展，建起许多神殿、庙宇。3世纪初叶，由于罗马帝国政治动乱，杰拉什一蹶不振。以后又随着拜占庭帝国的兴起、波斯人入侵和王朝的更迭，杰拉什几度盛衰。8世纪中叶，阿拉伯帝国阿巴斯王朝兴起，定都巴格达，而杰拉什经过几次强烈地震，许多建筑毁于一旦。9世纪，历史悠久的杰拉什销声匿迹，直到1806年才被德国旅行家欧里赫发现。

■ 4. "玫瑰古城"佩特拉

佩特拉是约旦的一座古城，始建于公元前6世纪前后。它所有的建筑物都是在朱红或赭石色的岩石上开凿而成的，在朝阳和晚霞的照映下，闪烁着玫瑰红的光泽。所以，后人便称它为"石头城"或"玫瑰城"。

佩特拉整座城池散布在方圆20多平方千米的山谷、山坡、山顶上，城池中的每一座住处几乎全在岩石上雕刻而成。古城唯一的入口是狭窄的山峡，峡谷最宽处约7米，最窄处的裂缝仅2米。从这条裂缝中走出来，就到了一片较为宽阔的广场，广场正面是佩特拉最负盛名的建筑——卡兹尼宫。整座宫室凿在陡岩上，分上下两层，依山雕凿，造型非常雄伟。

■ 5. 陆地表面的最低点

地球陆地表面的最低点是死海，那里的水面和海平面相比平均约低400米。位于巴勒斯坦、约旦和以色列之间，地处约旦和巴勒斯坦之间南北走向的大裂谷地带中段。它虽然叫海，但却是个不折不扣的内陆咸水湖。死海的西岸为犹太山地，东岸为外约旦高原，北面有约旦河注入，南有哈萨河流入，另外还有一些小溪和温泉水流入，但水只能流进，却无出口。流入死海的约旦河水量每年约5亿立方米，但这些河水大都变成了蒸汽，故而死海的进水量和蒸发量几乎相等。湖水蒸发了，而湖水所带来的盐分却留在死海中，经过千年万年，越积越多，让死海成了一个天然的大盐库。死海由于含盐量极高，使得鱼虾水草之类的生物无法生存，这就是它名字的由来。

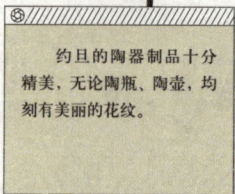

约旦的陶器制品十分精美，无论陶瓶、陶壶，均刻有美丽的花纹。

■ 6. 约旦的宝藏

约旦金属矿产资源很少，但非金属矿藏丰富。从死海的卤水中提取的磷酸盐和钾盐，都是约旦得天独厚的天然宝藏。其中磷酸盐储量约20亿吨，占约旦每年出口总值的47%，使约旦成为世界第二大磷矿生产国。此外，从死海中提炼出来的总储量约400亿吨的钾盐，也是一项很有出口价值的商品。据专家预测，死海钾盐储量约可供全世界使用2000年以上。目前，约旦在死海附近建有阿拉伯钾盐厂，年产40万吨优质钾盐，除满足本国市场需求外，全部用于出口。

不过，说到约旦国民经济的主要支柱，却不是它的矿产资源，而是侨汇、外援和旅游。约旦非常重视发展劳务出口和旅游业，以吸引外资，争取外援。约旦在国外的劳务人员约40万，占本国劳动力人口的一半，每年侨汇收入约有13亿美元之多。

相传卡兹尼宫是历代佩特拉国王收藏财富的地方。整个殿门分两层：下层有两根罗马式的石柱，高10余米，门楣和横梁都雕有精细的图案；上层3个石龛中分别雕有天使、圣母以及带有翅膀的战士形象。宫殿中有正殿和侧殿，石壁上还留有原始壁画。

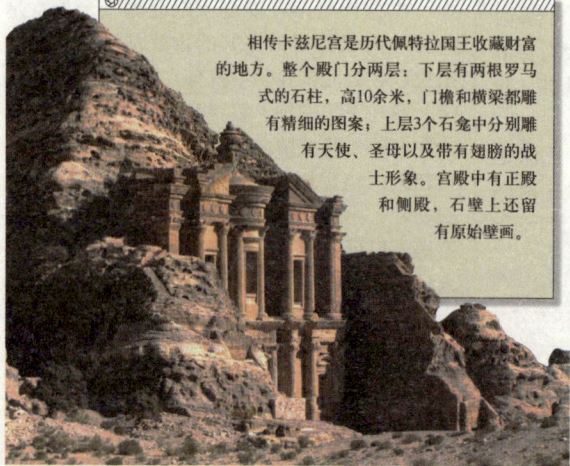

哈萨克斯坦

阿斯塔纳：新首都阿斯塔纳是哈萨克斯坦最大的文化和艺术中心，被联合国教科文组织授予"和平城市"的称号。

■ 1. 最大的内陆国家

哈萨克斯坦地处中亚，北部紧挨俄罗斯，南部与乌兹别克斯坦、土库曼斯坦和吉尔吉斯斯坦接壤，东南连接中国新疆，西濒里海，湖岸线长1730千米。领土以平原和低地为主，但有一半的国土是沙漠。地形由西向东逐渐升高，西南部是图兰低地和里海沿岸低地，中、东部属哈萨克丘陵，东部和南部是阿尔泰山和天山。哈萨克斯坦属温带大陆性气候，温差大，降水少。主要河流有额尔齐斯河、锡尔河、伊犁河、楚河等，是世界上最大的内陆国家。

■ 2. "永久性首都"

哈萨克斯坦原来的首都阿拉木图地处哈

萨克斯坦东南部，离边境太近，不符合一个独立国家首都的要求，而且那里城市生态环境恶化，大气污染严重，人口密度也过大，发展余地接近极限。于是哈萨克斯坦议会于1994年7月6日通过了将首都迁至阿斯塔纳的决议。1997年12月10日，哈萨克斯坦总统纳扎尔巴耶夫在阿斯塔纳郑重宣布，阿斯塔纳市将正式成为哈萨克斯坦"永久性首都"。

阿斯塔纳是该国北部的贸易中心，工业以农业机械制造业为主，文化教育事业也很发达。城市的中央广场周围是新都市的中心，政府办公大楼、议会大厦、大会堂等色彩鲜明的建筑物相当紧凑地坐落在广场周围。

■ 3. 与羊结缘

哈萨克人虽吃面包、蔬菜和水果，但他们的传统食物还是羊肉、羊奶及其制品，尤其是手抓羊肉，是当地人最喜欢吃的和最常见的菜肴。哈萨克语把手抓羊肉叫"别什巴尔马克"，意思是"五根手指"，就是说用手来抓着羊肉吃。在哈萨克斯坦家庭做客时，客人见到主人要先问牲畜是否平安，然后再问家人是否安好。主客相见，男女一般都要分开坐，最主要的客人坐左边，然后按地位或辈分依次而坐，主人会坐在最右首。如果家里来了尊贵的客人，哈萨克人是一定要宰羊招待的。

1.

◁ 国名全称　大韩民国
The Republic of Korea
◁ 国家首都　首尔 Seoul

◁ 国土面积　约9.9万平方千米
◁ 人口数量　5000万左右
◁ 语　　言　韩语

◁ 主要城市　首尔、釜山
◁ 典型气候　温带季风气候、亚热带
季风气候

韩国 ✦

首尔：首尔是世界第十大城市，在这座城市里，古与今以奇妙的方式并存，到处呈现出令人心动的景象。

1. 太极旗之国

韩国常被称为"太极旗之国"，因其国旗中央是太极图案而得名。它位于亚洲大陆东北、朝鲜半岛的南半部，东濒日本海，西与中国山东省隔黄海相望。因其三面环海，海岸线长而复杂，总长约5259千米。韩国多丘陵和平原，约70%是山区，地势比半岛北部低。其西部和南部的大陆坡平缓，东部大陆坡非常陡。主要河流是汉江，全长514千米。沿西海岸为较辽阔的平原。韩国属温带季风气候，四季分明，南部表现为温和的海洋性气候特征。6至9月的降雨量占全年的70%。年均降水量约为1500毫米，降水量由南向北逐步减少。冬季平均气温为零摄氏度以下。夏季8月份最热，气温为25摄氏度。三四月份和夏初时易受台风侵袭。

2. 传统而现代的首尔

首尔是韩国的首都，是世界第十大城市。在这座城市里，传统与现代以奇妙的方式并存。朝气蓬勃的人群、繁华喧闹的城市、迷人的自然景观、悠久的历史文化……充满活力的首尔到处呈现出令人心动的景象。

首尔是韩国的政治、经济中心，也是全国陆、海、空的交通枢纽，还是韩国的文化、教育中心。市内设有首尔大学、高丽大学等大专院校34所。此外，首尔有三角山、冠岳山、德寿宫等名胜古迹和420余座寺庙。市区内的浓荫下，古老的宫殿、庙宇等同直入云霄的现代建筑群交相辉映，显示了首尔既古老又现代的历史和时代风貌。

韩剧《大长今》演绎了历史上朝鲜王朝最高女官"大长今"的人生历程，深受观众喜爱。

3. "蜜月之岛"济州岛

济州岛是韩国第一大岛，在这个面积1845平方千米的岛上，屹立着海拔1950米的韩国最高峰汉拿山，这座1007年火山喷发留下的火山锥，使济州岛显得格外雄奇壮观。济州岛的地貌十分奇特，处处都有岩浆凝岩。当年熔岩流经的地方，形成了千奇百怪的景观，展现了特有的神韵。

济州岛有"三多三宝"。三多是风多、石多、果树多，三宝指海产、植物和方言。济州岛东部是适宜于放牧的草地，历史上以饲养马匹而闻名，如今那里还养有3000多匹骏马。济州岛气候温和，地处北纬33度线附近，却具有南国气候的特征，是韩国平均气温最高、降水最多的地方。温和湿润的气候和由火山活动塑造出的绮丽多彩的自然风景，使它赢得了"东方夏威夷"的美誉。济州岛还享有"蜜月之岛"、"浪漫之岛"的美称，韩国许多新婚夫妇都到这里度蜜月。

汽车工业是韩国工业最重要的组成部分，占韩国制造业的11.1%，占韩国总出口额的12.8%，提供就业职位占韩国人口的8%（2003年）。韩国最大的汽车企业现代汽车公司，是全球二十大汽车公司之一。

>>>>>>>>>>>>>>>>>>>
亚洲国家地理

■ 4. 跆拳道

　　跆拳道这个名称来源于韩语，其中"跆"，指用脚踢打，为脚技；"拳"，指用拳击打，为手技；"道"，指格斗的艺术和一种原理。

　　跆拳道古称跆跟、花郎道，是起源于古代朝鲜的民间武艺。早在688年，新罗王国统一了朝鲜，建立了一种"花郎制度"。到真兴王时，便创立了"花郎道"。花郎道是花郎制度的组织形式，即将年轻人组织到一起进行武艺锻炼，其宗旨是"事君以忠，事亲以孝，事友以信，临阵无退，杀身有择"。第二次世界大战后，一度遭到压制的自卫术再度兴起，从异国他乡回归故土的韩国人也将各国的武道技艺带回本国，逐渐与跆拳道融为一体，形成了现在的跆拳道体系。

■ 5. 华丽的"韩袍"

　　韩国的传统服装"韩袍"已经流传了数百年，它的样式适合于当地的气候条件和传统的起坐习惯。女性韩服是短上衣搭配优雅的长裙；男性则是短褂搭配长裤，而以细带缚住宽大的裤脚。上衣、长裙的颜色五彩缤纷，有的甚至加刺明艳华丽的锦绣。服装的图案简洁，上下线条色彩协调，表现出秀雅、整洁的特色。韩国人喜欢穿白色的衣

韩袍：韩袍是韩国传统的民族服装，设计简洁，线条和色彩搭配协调，典雅大方。

服，自古有"白衣民族"之称。

　　与韩服配套的装饰品，头饰有发带、钗和簪等，腰佩主要有绶带、荷包、妆刀和玉香盒等。

　　现在，大多数韩国国民平常已习惯穿西服，但是在春节、中秋节等节庆日或举行婚礼时，许多人仍喜欢穿传统的韩服。

■ 6. 影视业

　　近年来，韩国影视业异军突起，风靡国际市场，成为"韩流"文化中的佼佼者。早在1998年，韩国就正式提出"文化立国"战略，在该战略中，影视业被视为"重中之重"。由韩国最著名的影视剧制作公司MBC制作的《冬季恋歌》、《大长今》、《蓝色生死恋》等电视连续

面具在韩国的庆典祭祀中经常出现，有一种假面舞在韩国传统戏剧中占有极为重要的地位，是韩国文化的象征。

剧，在充分发挥影星效应的同时，积极吸收了时装、美容、美食等文化元素，从而推动了这些剧作在海外的发展，形成了韩国"时装热"、"美容热"、"美食热"以及"旅游热"。到2007年，韩国文化产品的出口额达到100亿美元，占世界文化市场5%的份额，韩国跃居为世界文化产业强国。

1

◁ 国名全称　朝鲜民主主义人民共和国
　　　　　The Democratic People's Republic of Korea
◁ 国家首都　平壤 Pyongyang

◁ 国土面积　约12.3万平方千米
◁ 人口数量　2200万左右
◁ 语　　言　朝鲜语

◁ 主要城市　平壤、开城
◁ 典型气候　温带季风气候

朝鲜 ❧

■ 1. "矿物的标本室"

　　朝鲜是位于朝鲜半岛上的一个国家。朝鲜半岛位于东亚，从亚洲大陆向南延伸大约1100千米，西面有黄海和朝鲜湾，东部临日本海（名称有争议，朝鲜人称为东海），南部则有朝鲜海峡以及东中国海。朝鲜位于半岛北部，境内多山区，东北地区多深狭的山谷。朝鲜最高峰是白头山，海拔2744米。国内主要河流有大同江及分割朝中边界的鸭绿江和图们江。朝鲜属温带季风气候，夏天降雨较多，冬天有时非常寒冷。

　　朝鲜的石墨、菱镁矿的蕴藏量居世界前列，矿物的蕴藏区约占国土面积的五分之四，已经勘察到的矿物有300多种以上。由于朝鲜的矿藏资源种类很多，又被人们称为"矿物的标本室"。

■ 2. "柳京"平壤

　　平壤是朝鲜的首都，从427年开始，古代的高句丽王国就在这里定都。1500多年来，平壤曾经多次遭到战火的破坏，又多次得以重建。

　　朝鲜是一个多山的国家，平壤南面是一片开阔的平原，这片肥沃的土地备受人们的青睐。由于城市的一部分位于平原上，故命名为平壤。在朝鲜语里，"平壤"可以解释为

平壤：平壤是朝鲜的首都和第一大城市。今天的平壤市，掩映在绿树鲜花丛中，一派现代都市的风光。

　　朝鲜研究人员认为，泡菜发酵过程中产生的乳酸菌不仅令泡菜味道鲜美，而且还可以抑制肠内有害细菌的繁殖。

"平坦的土壤"。

　　平壤还有"柳京"之称，其意是"柳树遍布的京城"。这是因为城内生长着很多柳树，流经市区的大同江以及普通江两岸更是柳树成行，随风摇曳，招人喜爱。

　　今天的平壤已经是一座现代化城市，高楼毗连，大厦林立。著名的千里马大街、人民军大街、青年大街、锦绣山大街宽阔壮观，两旁的树木和花草枝繁叶茂。那些矗立在街道两旁的高楼大厦，第一楼层是各类商店，二楼以上是居民住宅。庞大的建筑群错落有致，交相辉映。朝鲜革命博物馆、朝鲜祖国解放战争纪念馆、朝鲜劳动党纪念馆、万寿台议事堂、中央工农业展览馆等，巍峨宏伟；人民文化宫、平壤大剧院、平壤体育馆、万寿台艺术剧场等，富丽堂皇，都富有鲜明的朝鲜民族特色。

■ 3. 泡菜王国

　　朝鲜泡菜是朝鲜人民日常生活中最普通的食品，也是朝鲜半岛的第一美食，从古代起就是朝鲜人每餐必备的食品。朝鲜半岛山地较多，油和食物运输比较困难，而泡菜制作方法简单，易于保存，一年四季皆可食用。

　　以传统泡菜的典型产品辣白菜为例，它是将白菜先用淡盐水腌过之后，再配以用辣椒面、葱、蒜等作料搅拌成的底料，装在坛罐里发酵而成。在朝鲜，无论是城市还是乡村，随处可见大大小小、形状各异的泡菜坛子，构成了一道独特的风景线。

国名全称	老挝人民民主共和国	国土面积	约23.7万平方千米	主要城市	万象、琅勃拉邦
	The People's Democratic Republic of Laos	人口数量	500万左右	典型气候	热带、亚热带季风气候
国家首都	万象 Vientiane	语 言	老挝语、法语		

>>>>>>>>>>>>>>>>>>>>
亚洲国家地理

老挝

1. "印度支那屋脊"

老挝是一个位于中南半岛北部的内陆国家，北面与中国云南省接壤，东面与越南为邻，西面和西南面分别与缅甸、泰国交界，南面与柬埔寨相接。其地形南北长而东西窄，全境地势北高南低，西北向东南倾斜，全国自北而南分上寮、中寮、下寮三部分。

> 塔銮是老挝的象征和国宝，是老挝的寺塔中最为宏伟的一座，是历代国王和高僧存放骨灰之所。每年11月间都要举行塔銮节盛会，这是老挝民间规模最大的庙会，也是最隆重、最盛大的宗教节日。

老挝是一个多山的国家，境内80%为山地和高原，有"印度支那屋脊"之称。主要山脉有比亚山、宋山、束山和鞍山，构成4个高原。湄公河是老挝最大的河流，流经西部1900千米，沿岸分布着盆地和平原。该国的气候属热带、亚热带季风气候，每年5至10月为雨季，11月至次年4月为旱季。

2. "月亮之城" 万象

万象是老挝的首都，位于湄公河中游北岸的河谷平原上，隔着湄公河与泰国相望。每到枯水季节，湄公河的大半个河床的浅滩显露出来，人们可以涉水走到泰国。作为一个国家的首都，由市区可以如此方便地到达邻国，这在世界上是少见的。

万象是一座幽静、美丽的城市，市区东西长、南北窄，从空中俯瞰，状似一弯新月，因此有"月亮之城"的美称。万象也是一座历史悠久的城市，始建于公元前4世纪。从14世纪以来，万象一直是老挝的首都和经济中心。如今，万象的工矿企业约占全国的四分之三。

3. 佛教中心琅勃拉邦

琅勃拉邦是老挝琅勃拉邦省的首府，也是老挝现存的最古老的城镇和佛教中心，位于南康江与湄公河汇合处。琅勃拉邦市区沿湄公河左岸延伸，地势平缓，是一座面积不到10平方千米的小山城，依山傍水，气候宜人，古朴宁静。

1975年老挝废除君主制度前，这里曾为国王的驻地。琅勃拉邦市内共有寺庙30多座，其中华通古庙以其宏伟的大殿、玲珑的佛塔、精美的雕刻和华丽的镶嵌而闻名于世。这里生产的金银饰品、象牙雕刻、丝绸、陶器等传统手工艺品在国际上也享有盛名。

> 琅勃拉邦佛庙：琅勃拉邦市内共有寺庙30多座，以其构筑别致、陈设堂皇以及精美的雕刻和华丽的镶嵌而闻名于世。

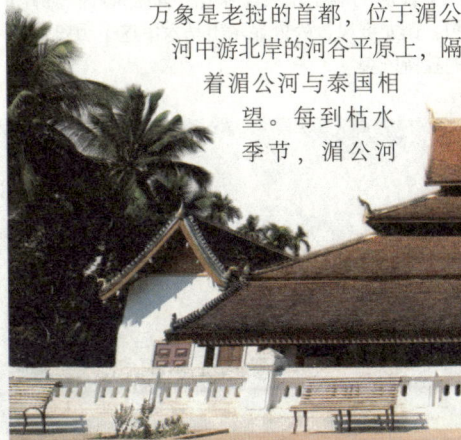

◙ 国名全称 马来西亚	◙ 国土面积 约33万平方千米	◙ 主要城市 吉隆坡、马六甲
Malaysia	◙ 人口数量 2600万左右	◙ 典型气候 热带雨林气候、热带季风气候
◙ 国家首都 吉隆坡 Kuala Lumpur	◙ 语 言 马来语、英语、华语	

马来西亚

■ 1. 交通便利的马来西亚

马来西亚位于亚洲大陆与马来群岛的衔接地带，地处亚澳大陆、太平洋与印度洋的交汇处。全境被南中国海分成东马来西亚（东马）和西马来西亚（西马）两部分：其中东马由沙捞越地区和沙巴地区组成，地势内地高、沿海低。沙捞越东南边境为山地，西部为平原。沙巴中、西部为山地，东部为平原；西马位于马来半岛的南部，与泰国和新加坡相邻，地势北高南低，以山地、丘陵为主，东西两岸为冲积平原。马来西亚的地理位置靠近赤道，属热带雨林气候，所以终年炎热，无明显季节变化，全年平均温度为26至32摄氏度。

■ 2. 吉隆坡

吉隆坡是马来西亚的首都，有"世界锡都"和"胶都"之美誉。它位于马来西亚半岛的中西部，面积244平方千米，人口约150万，是马来西亚最大的城市，也是马来西亚唯一人口过百万的城市。

吉隆坡市内高层建筑林立，同时又有多种风格的古老建筑和茂盛的灌木丛林，现代化气息与传统景观并存。吉隆坡有许多殖民时期留下来的古典建筑，位于国家广场一侧的司法部和最高法院是古老的"阿卜杜勒·萨马德建筑"，被视为吉隆坡乃至整个马来西亚的象征。市内多伊斯兰教清真寺和印度教、华人寺庙。

古老的阿卜杜勒·萨马德苏丹大厦，是马来西亚的标志性建筑之一，钟楼高度为40米，造型类似英国的"大本钟"，被称为"马来西亚大本钟"。该大厦是印度和阿拉伯风格的混合体。

■ 3. 马六甲

马六甲是马来西亚历史最悠久的古城，马六甲州的首府。它位于马六甲海峡北岸，马六甲河穿城而过。马六甲始建于1403年，曾是马六甲王国的都城，1511年沦为葡萄牙殖民地，后又成为英国海峡殖民地的一部分。1956年，马来西亚第一位首相拉曼在马六甲宣布了马来西亚的独立。

马六甲城内以传统建筑最具特色，包括很多中国式的住宅。街道曲折狭窄，屋宇参差多样，很多住房的墙上镶着图案精美的瓷砖，瑞狮门扣，镶龙嵌凤，处处显示出马六甲这个历史古都的独特风貌。

马六甲海峡：马六甲海峡是沟通太平洋与印度洋的咽喉要道和亚、非、澳、欧沿岸国家往来的重要海上通道，许多发达国家进口的石油和战略物资，都要经过这里运出。

◁ 国名全称　马尔代夫共和国　　　◁ 国土面积　陆地面积约为300平方千米　　　◁ 主要城市　马累
　　　　　The Republic of Maldives　◁ 人口数量　30万左右　　　　　　　　　　◁ 典型气候　热带雨林气候
◁ 国家首都　马累 Male　　　　　　◁ 语　言　官方语言为迪维希语，通用英语

亚洲国家地理

🌸 马尔代夫

人们不是骑单车就是走路。

马累市内有35座清真寺庙，其中朱马清真寺是马尔代夫人的主要圣地。离此不远还有建于1674年的胡库鲁－穆斯基特清真寺，它一天5次向穆斯林市民报告祈祷时间。只要一听到报告声，虔诚的教徒们就会停止手中的一切活动，面向圣城麦加祷告。

■ 1. 珊瑚岛国

马尔代夫是印度洋上的群岛国家，散布在南北长820千米、东西宽130千米的海域内，距离印度南部约600千米，和斯里兰卡西南部相隔约750千米。它由26组自然环礁、1192个珊瑚岛组成，分成19个行政组，分布在9万平方千米的海域内，其中200个岛屿有人居住，岛屿平均面积约为1.5平方千米，地势低平，平均海拔1.2米。大部分位于赤道附近，具有热带雨林气候特征，炎热潮湿，无四季之分。年降水量2143毫米，年平均气温28摄氏度。

■ 2. 最小的首都：马累

马累应该是世界最小的首都了，它的面积只有2.5平方千米，还分成了四个区域。人口大约6万。这里没有刻意铺成的柏油马路，放眼望去尽是晶亮洁白的白沙路。炫目的白色珊瑚礁和漆成蓝色、绿色的门窗形成强烈的色差，房子通常建造得又高又窄，据说是为了避免恶魔入侵。由于曾受英国管辖，因此也有部分建筑带着浓厚的英式气息。

在这个袖珍国都中，汽车似乎是多余的，

■ 3. 度假胜地

印度洋有如一块蓝色的天鹅绒布，而度假胜地马尔代夫则如同点缀在这块天鹅绒布上的绿宝石，它的风采吸引了来自世界各地的游客。

搭乘多尼船巡游岛屿是一大乐趣，一般一个岛徒步半小时即可逛完。拜访当地土著村落也是不错的项目，穿梭在一幢幢灰白相间的石屋分隔的巷弄间，与悠闲自得的岛民打个招呼，再搭乘多尼船到无人小岛探险，在白色的沙滩上享受各色海鲜烧烤，一定会乐趣无边。

蒙古

1. 第二大内陆国

蒙古国位于蒙古高原北部、亚洲大陆东部，东、西、南三面与中国接壤，北邻俄罗斯，是世界第二大内陆国。由于深处内陆，远离海洋，群山环抱，蒙古的气候属于极端干燥的大陆性荒漠草原气候。国内有大片的天然牧场，人均草原面积列各国之首。

蒙古是以畜牧业为主的国家，全国将近一半的人口从事农牧业生产，国内的工业原料和人民生活必需品也大部分来自畜牧业。经过最近几十年的发展，蒙古的经济结构已从单一的畜牧业经济转向包括农牧业、工业、建筑业、运输邮电业等多门类的经济体系，但工业基础薄弱和单一计划调节的模式在一定程度上阻碍了经济的发展。

2. "红色的英雄城"

蒙古国的首都乌兰巴托是一座具有浓郁草原风情的现代城市，常住人口中有70%是年轻人，因此成为世界上人口最年轻的城市之一。

"乌兰巴托"在蒙古语中的意思是"红色的英雄城"，乌兰巴托曾经是蒙古的宗教中心，如今已成为全国政治、经济和文化中心。全国大部分企业设在这里，工业以轻工业和食品工业为主，全市工业总产值约占全国工业总产值的一半以上。乌兰巴托市地毯厂生产的纯羊毛地毯多次获得莱比锡国际博览会奖牌。还有裘皮服装、山羊绒和驼绒制品，成了该市主要的出口创汇产品。

3. "蒙古八珍"

蒙古八珍，亦称"北八珍"，是用于高级宴席的8种佳肴，其组成部分有：醍醐、麆沆、野驼蹄、鹿唇、麋、天鹅炙、元玉浆、紫玉浆。

蒙古草原：蒙古草原幅员辽阔，牛羊遍野，蒙古人民世世代代生活在这里。

醍醐为乳酪上面凝聚如油的精品；麆沆为麋，即獐的幼羔；野驼蹄为驼身之物，与熊掌齐名；鹿唇即犴唇；麋肉香美，曾是蒙古可汗赏给臣下的赐品；天鹅炙即烤天鹅肉；元玉浆即马奶。蒙古人世居草原，以畜牧为生，马奶酒是他们最喜欢的饮品之一。蒙古妇女将马奶收贮于皮囊中，加以搅拌，数日后乳脂分离，发酵成酒。六蒸六酿后的马奶酒方为上品。紫玉浆是指西域葡萄酒。

在元代，蒙古八珍由宫廷专职御用厨师制作。蒙古大汗每年6月3日举行诈马宴、8月举行马奶子宴会时，作为御用膳，也作为赏赐大臣、贵族的一种荣典。

4. 蒙古包

蒙古包又叫毡房，是游牧民族为适应游牧生活而创造的居所。匈奴时代就已出现，一直沿用至今。蒙古包呈圆形，四周侧壁分成数块。帐顶及四壁覆盖或围以毛毡，用绳索固定。西南壁上留一木框，用以安装门板，帐顶留一圆形天窗，以便采光、通风、排放炊烟。

摔跤、赛马、射箭是传统项目，历来被称为蒙古族男儿三技。蒙古族的摔跤有其独特的服装、规则和方法，因此也叫"蒙古式摔跤"。

亚洲国家地理

蒙古包最小的直径为3米，大的可容数百人。蒙古汗国时代，可汗及诸王的帐幕可容2000余人。

蒙古包分固定式和游动式两种。半农半牧区多建固定式，周围砌土壁，上用苇草搭盖；游牧区多为游动式。游动式又分为可拆卸和不可拆卸两种，前者以牲畜驮运，后者以牛车或马车拉运。

■ 5. 敬酒待客

蒙古人对长辈和客人极为尊重和热情，当长辈或客人上马、下马、进门、迎接、送别时，都要敬酒，有时还要唱上一段精彩的敬酒歌。蒙古人在敬酒时，自己要先喝一口，然后再敬给客人，以表酒纯净和同欢共饮的感情。客人在回敬主人时，也要让在座的客人呷一口，使饮酒的气氛显得格外亲切。蒙古人敬酒时还经常"借花献佛"——当主人敬给客人一杯酒时，客人也可以借主人的酒，敬给其他人。

蒙古人去做客或是看望老人时，从不空手，往往都要带上酒或其他食品。

■ 6. 那达慕大会

每年七八月份牲畜肥壮的季节，蒙古草原上都会举行那达慕大会，那是蒙古人民一年一度的盛大节日。届时男女老少都穿上节日的盛装，乘车骑马聚到一处，进行各种比赛和游戏活动。蒙古语中"那达慕"的意思就是娱乐或游戏。

那达慕有着十分久远的历史。据刻在石崖上的《成吉思汗石文》记载，那达慕大会起源于蒙古汗国建立初期。公元1206年，成吉思汗被推举为大汗时，他为检阅自己的部队，维护和分配草场，规定每年七八月间都要举行大聚会。届时他将各个部落的首领召集在一起，以加强团结、祈庆丰收，即举行那达慕大会。

会上主要进行摔跤、赛马、射箭这三项技能竞赛，还有文艺体育表演和庆祝丰收等仪式。现在的那达慕大会上还会进行一些物资交易的活动，气氛相当热烈而隆重。

成吉思汗是蒙古民族的缔造者，在蒙古人的心目中具有崇高的地位。他是蒙古人的精神领袖，是祖先和圣主。

蒙古包：在辽阔的蒙古高原上点缀着许多白色的帐篷，这就是蒙古包。蒙古包具有制作简便、便于搬运、耐御风寒、适于游牧等特点。

◎ 国名全称　缅甸联邦　　　　◎ 国土面积　约68万平方千米　　◎ 主要城市　仰光、曼德勒
　　　　　　The Union of Myanmar　◎ 人口数量　5200万左右　　　◎ 典型气候　热带季风气候
◎ 国家首都　内比都 Naypyitaw　　◎ 语　　言　缅甸语、英语

缅甸 🏵

1. 中南半岛上的大国

缅甸位于中南半岛的西部，地处西藏高原、印度洋和马来半岛之间。西北与印度和孟加拉国接壤，东北与中国和老挝相邻，东南与泰国交界，西南濒临孟加拉湾和安达曼海。缅甸全国面积有67.66万平方千米，是中南半岛面积最大的国家，占中南半岛总面积的三分之一。

缅甸境内的几条大河流都源于中国，东部的萨尔温江上游是中国的怒江，伊洛瓦底江为全国第一大河，源自中国的龙川江。海岸线曲折，多岛屿和岬角。缅甸多属热带气候，沿海属季风型热带雨林气候，北部属季风型亚热带雨林气候，一年分为暑、雨、凉三季。

2. "金塔之城"仰光

仰光是缅甸联邦的原首都（新首都为内比都，2005年迁都）和最大城市，位于伊洛瓦底江入海口附近，仰光河与勃生堂河交汇处，其地势平坦，土地肥沃，是缅甸最发达和最富庶的地区。仰光港水深港阔，可终年停泊万吨远洋巨轮，是缅甸吞吐量最大的商港。

仰光城内风光秀丽，佛教古迹众多，尤以金碧辉煌的仰光大金塔和耸立于班杜拉广场上的白塔最为著名。仰光大金塔是仰光最古老的建筑，也是世界佛教的一大圣地。金塔始建于公元前585年，相传当时印度发生饥荒，缅甸人科迦达普陀兄弟两人运了一船稻米前去救济，他们从印度回来时带回8根释迦牟尼佛祖的头发，于是建造了这座佛塔收藏佛发。

3. "多宝之城"曼德勒

曼德勒省的省会曼德勒，是缅甸的第二大城市，也是缅甸历史上最后一个王朝的都城，

因背靠曼德勒山而得名。曼德勒的巴利语名称为"罗陀那崩尼插都"，意为"多宝之城"。这座城市坐落在缅甸中部平原的伊洛瓦底江东岸，背靠曼德勒山，气候干燥闷热，年最高气温达45摄氏度，有"火炉"之称。

曼德勒是缅甸的传统文化和宗教中心，高僧、学者、艺术家云集，还有大小佛塔1000多座。曼德勒城分为三区，旧市区、新市区和王城区。旧市区多为传统木造房屋，新市区一派现代化景象，而王城区就是皇城，其中皇宫占地1400平方米。

4. 蒲甘的佛教艺术

蒲甘古城位于缅甸中部，坐落在伊洛瓦底河中游左岸，市区保留着缅甸各个历史时

曼德勒：曼德勒是缅甸主要的工业区，主要有茶叶包装、丝绸纺织、酿酒、玉石琢磨、铸铜和金箔工艺等产业，还盛产稻米、芝麻、棉花、甘蔗等。

勃瑞族的女子从5岁起就要戴铜项圈，此后每三年增加一个，并将接口焊牢，直至出嫁，一戴便是终身。一旦取下脖上项圈，则会因窒息而亡。

和尚在缅甸普遍受人尊敬。每天天一亮他们就出去化缘，人们都很乐意给予布施。也有人早早把饭菜做好，在家门口或街上恭候和尚来化缘，有的人家甚至常年负责数名和尚的饭食。

期建造的众多的佛塔、佛寺，成为缅甸古老建筑艺术的缩影。自11世纪到13世纪，蒲甘先后建造的佛塔就达万余座，故蒲甘也被称为"万塔之城"。

蒲甘佛塔的结构大体分为塔基、坛台、钟座、复钵、莲座、蕉苍、宝伞、风标、钻球九大部分，设计者围绕这些基本的结构，发挥丰富的想象力，采用多变的手法，使建成的佛塔姿态万千，变幻无穷，毫无雷同之感。佛塔外形也是千姿百态，方形、圆形、扁形、条形……有的像宫殿，有的似城堡，有的如石窟。佛塔内的浮雕壁画，更是技艺精湛，独具匠心。因此，蒲甘又被誉为"东方佛教艺术的宝库"。

■ 5. 缅甸名产：红宝石

缅甸是一个盛产宝石和珍珠的国家，以品种多、质量好、储量丰闻名于世。主要有玉石、红宝石、蓝宝石、尖晶石、橄榄石、紫晶石及琥珀等，其中以玉石、红宝石、蓝宝石最为名贵。红宝石是缅甸的国石，特别是缅甸北部的莫谷地区出产的一种叫"鸽血红"的红宝石，堪称红宝石之冠。它鲜艳夺目，如同当地一种鸽鸟的胸部鲜血一样红，因此得名。

■ 6. 千奇百怪的风俗

缅甸人的名字有个特点，

就是有名无姓，他们往往在名字之前加上一定的称谓词，以标明其性别、年龄、官位、尊卑及特定的感情色彩。成年或少年男子的名字前，往往加"貌"，意即自谦为"弟弟"；对长官或受尊辈的男子，其名前往往加"吴"，意即敬称对方为"叔叔"、"伯伯"；对平辈或年轻的男子，名前往往加"郭"，意即称对方为"兄"。

缅甸中部勃瑞族妇女的审美观很奇特，她们都以脖长为美。这里的女孩子到了5岁的时候，就由村医把一根宽1厘米的铜棒绕在脖子上，此后每三年就加上一个新的铜项圈。铜项圈越多、脖子越长，表示越富有、越美丽。另外，妇女的手臂和小腿上也要戴上螺旋形的黄铜环，这样一来，她们除走路困难外，饮水还需弓背、伸头，通过一根麦管啜饮才行。尽管如此，她们仍从事各种劳动。

红宝石：红宝石的红色使人们总把它和热情、爱情联系在一起，被誉为"爱情之石"，象征着热情似火，爱情的美好、永恒和坚贞。

蒲甘佛塔：蒲甘王朝时期佛教文化最为鼎盛，据传这一时期修建了大小佛塔数十万座，后毁于战火和地震，经过修补，现遗存2000多座。

1.

◉ 国名全称 尼泊尔联邦民主共和国　　◉ 国土面积 约14.7万平方千米　　◉ 主要城市 加德满都、帕坦、巴德
　　　　　　The Federal Democratic Republic of Nepal　◉ 人口数量 2650万左右　　◉ 典型气候 热带季风、高山气候
◉ 国家首都 加德满都 Kathmandu　　　　◉ 语　言 尼泊尔语为国语，上层社会通用英语

尼泊尔

■ 1. 高山王国

尼泊尔的山地面积占总面积的四分之三，半个国家的海拔都超过了1000米，还有50多座7600米以上的山峰，被誉为"高山王国"。世界10大高峰中，有8座全部或部分位于尼泊尔境内。

尼泊尔地处亚洲南部，北邻中国，南、西、东三面与印度相连。地势自北向南，可分为三个地形区：北部高山地区、中部河谷地带和南部特莱平原。由于地势多变，尼泊尔的气候垂直变化很大。平原、河谷、高山分属于亚热带、温带和高山带三种气候。每年分热、雨、冷三季。北部最低温度为零下40摄氏度，而南部最高气温可达45摄氏度左右，可谓天壤之别。

■ 2. "万寺之城"

位于喜马拉雅山南麓的加德满都是尼泊尔的第一大城。历代王朝曾在这里兴建了大批庙宇、佛塔、殿堂和寺院，仅市中心就有庙宇和佛塔250多座，全城则共有大小寺庙2700余座。其中著名的古迹有斯瓦相布佛塔、塔莱珠女神庙、帕苏帕蒂纳特寺和黑天神庙等，加德满都也因为这些名寺而被誉为"万寺之城"。现在整座城市分为旧城和新城两部分，市

喜马拉雅山南麓风光：尼泊尔国土狭长，地势高峻，有"高山王国"之称。其北部的高山区为喜马拉雅山群峰，景色优美而壮观。

尼泊尔人性情温和，他们都是虔诚的宗教信徒，宗教在他们的生活中占有重要的位置。

中心广场以西为旧城，保有许多中世纪的宫殿和庙宇，建筑较为古老；市中心广场以东为新城，王宫和政府大厦均建于此，相对古城区更为新潮一些。

■ 3. 独特的国旗

尼泊尔的国旗是世界上唯一的三角形国旗。一个世纪前尼泊尔就出现过这种三角旗，后来，尼泊尔人把两面三角旗连在一起，这就是今天尼泊尔国旗的式样。国旗由上小下大、上下相叠的两个三角形组成，旗面为红色，旗边为蓝色。红色是国花红杜鹃的颜色，蓝色代表和平。上面的三角形旗中是白色弯月、星图案，代表皇室；下面三角形旗中的白色太阳图案来自拉纳家族的标志。太阳和月亮图案也代表尼泊尔人民祈盼国家像日月一样长存的美好愿望。两个旗角表示喜马拉雅山脉的两个山峰。

◁ 国名全称　巴基斯坦伊斯兰共和国
　　　　　　THe Islamic Republic of
◁ 国家首都　伊斯兰堡 Islamabad pakistan
◁ 国土面积　约80万平方千米
◁ 人口数量　1.56亿左右
◁ 语　　言　乌尔都语、英语
◁ 主要城市　伊斯兰堡
◁ 典型气候　热带草原、热
　　　　　　带沙漠气候

亚洲国家地理

巴基斯坦

1. 中国的近邻

　　巴基斯坦是南亚次大陆的第二大国，位于南亚次大陆西北部，南濒阿拉伯海，东、北、西三面分别与印度、中国、阿富汗和伊朗相邻。海岸线长980千米。

　　巴基斯坦全境的五分之三为山区和丘陵，南部沿海一带为荒漠，向北伸展则是连绵的高原牧场和肥田沃土。喜马拉雅山、喀喇昆仑山和兴都库什山这三条世界上有名的大山脉在巴基斯坦的西北部汇聚，形成了奇特的景观。源自中国的印度河进入巴基斯坦的境内以后，自北向南，最终注入阿拉伯海。

2. 伊斯兰堡

　　伊斯兰堡是巴基斯坦的首都，位于旁遮普省北部的波特瓦尔高原，始建于1961年。伊斯兰堡是一个美丽的花园城市，市区的交通干线垂直相交，把整个市区整齐地划分为大小相等的几十个区，有行政区、公共事业区、中央商业区、住宅区、工业区、大专院校区和外国使馆区等。

　　住宅区是伊斯兰堡最具特色的建筑区。区内布局合理，生活方便。住宅设计讲究，外形美观，庭院宽敞，植树栽花，幽雅别致。工业区和大专院校区在住宅区的西南侧。按照巴基斯坦政府的规定，凡是有污染、影响居民生活的工厂、企业不能在首都建立，因此伊斯兰堡基本上是一座没有污染的城市。

3. 清真之国

　　"巴基斯坦"的中文意思即为"清真之国"。在这里，97%以上的居民信奉伊斯兰教。

　　严格禁酒是这里伊斯兰教徒的一个信条。无论民间红白喜事，还是官方国宴，一律不准喝酒。私自酿酒者要受到极严厉的惩罚。在外交场合，巴基斯坦外交官并不对别人喝酒提出异议，不过在干杯时他们总是以果汁、汽水或清水代之。

> 巴基斯坦手工艺品历史悠久，具有浓郁的伊斯兰风格和民族特色。巴基斯坦妇女能歌善舞，在喜庆的节日期间，她们都要戴着制作精美的手镯翩翩起舞。

　　巴基斯坦人的穿着打扮，时时处处都恪守伊斯兰教教规。男子一年四季大都穿着宽松的长衫、长裤，夏天他们也绝不会穿背心短裤，更不会打赤膊；妇女除手、脚之外，身体的其他部位不得暴露在外，因此她们日常都穿着一件宽大的长袍，出门还必须以面纱遮盖面容。

　　按伊斯兰教教规，妇女不准同家人以外的男性接触。男女青年之间的婚姻大多遵循"父母之命，媒妁之言"。

国名全称	菲律宾共和国 The Republic of Philippines	国土面积	约30万平方千米	主要城市	马尼拉、碧瑶
国家首都	马尼拉 Manila	人口数量	8400万左右	典型气候	热带雨林、热带季风气候
		语 言	以他加禄语为基础的菲律宾语、英语		

菲律宾 ✿

■ 1. 千岛之国

菲律宾是亚洲东南部的一个群岛国家，共有大小岛屿7107个，其中有名称的有2800个，所以被称为"千岛之国"。其中吕宋岛、棉兰老岛、萨马岛等11个主要岛屿占全国总面积的96%。位于棉兰老岛和萨马岛以东80千米处的"菲律宾海沟"，平均深度超过7000米，最深处达到10497米，是世界上最深的海沟之一。

菲律宾各岛多为山地，共有火山50多座，其中10余座为活火山。气候属于热带海洋类型，高温多雨，年均降水可达到2000毫米。

■ 2. 首都马尼拉

马尼拉是菲律宾共和国的首都，也是全国最大的港口和城市。它地处菲律宾群岛中最大的岛屿吕宋岛西岸，也称"小吕宋"，濒临天然的优良港湾——马尼拉湾。马尼拉是一座具有悠久历史的城市。1571年，西班牙殖民者从马尼拉登陆，入侵并占领了菲律宾，然后在现在的马尼拉市中心建立了城堡和炮台。自那时起，这里便成了西班牙殖民统治当局的首府。

1898年，美国人打进马尼拉，取代了西班牙对菲律宾的统治。1901年7月31日，马尼拉被辟为菲律宾的特别城市，成了美国统治菲律宾的基地。1946年7月4日，菲律宾正式独立，将马尼拉定为首都。

今天的马尼拉，是一座市容整洁的热带花园城市，也是全国最大的经济、政治、文化中心。

■ 3. 巴纳韦高山梯田

在菲律宾吕宋岛北部的伊富高省巴纳韦镇附近，有一处著名的古代奇迹——巴纳韦高山梯田。2000多年前，菲律宾古代土著伊富高人完全借助肩扛手挖，在海拔1500米的高山上修建了这个如今被世人称颂的奇迹。1992年，世界遗产委员会将巴纳韦高山梯田列入《世界文化遗产名录》。

巴纳韦高山梯田不仅是一道壮丽的风景，而且反映了古代伊富高人在工程方面的天赋。由于山坡陡峭，这里最大的梯田有2500平方米，最小的不到4平方米。梯田的外壁全部用石块筑成，最高约达4米，最低不到2米，总长度达1.9万千米，所用的石料比古埃及金字塔还多。

马尼拉湾：马尼拉湾是菲律宾重要的天然港湾，面积1700平方千米，长60千米，地理位置优越，历来是兵家必争之地。

巴纳韦高山梯田：据测量，最高的梯田在海拔1500米以上，与最低一层梯田的垂直距离为420多米。盘山灌溉的水渠像巨大的台阶层层向上，总长度达1.9万千米，可绕地球半周。

■ 4. 劳务输出与吕宋烟

菲律宾的经济属于出口导向型经济，其中最有名的莫过于劳务输出和吕宋烟。

劳务输出是菲律宾经济的一个突出特点。菲律宾向全球194个国家和地区输出劳务人员，是世界上重要的劳务输出国。由于海外劳工对菲律宾经济发展的贡献举足轻重，政府将每年的6月7日定为外籍劳工日，以资纪念和表彰。政府给予海外劳工崇高的荣誉，将他们称为"现代英雄"。

"吕宋烟"指的是菲律宾主岛吕宋岛出产的雪茄烟。19世纪时，菲律宾是西班牙的殖民地，西班牙人把加勒比海的烟草传遍世界，在菲律宾也建立了烟草企业，利用进口烟叶调配本地烟叶来生产雪茄。由于菲律宾与中美洲基本处于同一纬度，气候相近，出产的烟叶品质近似，而价格上却要便宜很多，所以受到广泛的欢迎。

■ 5. "国粹"斗鸡

菲律宾人酷爱斗鸡，而且"举国成癖"。到菲律宾城乡走走，简直是"触目皆鸡"，一笼笼的鸡甚至就摆在车水马龙的大街上。男人们尤其喜欢鸡，外出串门，腋下也要夹只大公鸡，在菲律宾男人眼里，两只斗红了眼的公鸡象征着勇敢和活力。

在菲律宾，斗鸡的场面惊心动魄。在一块五角形的角斗场上，两只雄鸡的腿上都缚有一个锋利无比的刀片。只见它们飞腾扑打，嘴啄腿蹬，身上的羽毛像雪片一样被扯落，浑身上下鲜血淋淋。经过一场搏斗后，其中必有一只雄鸡被割断脖子，鲜血流尽而死。观看斗鸡的人情绪激动，近乎疯狂，因为他们往往在其中一只雄鸡身上下了大赌注。

■ 6. 奇特的文身习俗

菲律宾吕宋岛北部的高山省及其周围一些地方的各民族中，非常流行文身。当地居民的身上经常刺有各种奇特的图案花纹，有的比较稀疏，有的刺纹密布，犹如穿上了一件绚丽多彩的上衣。不同的文身图样具有不同的意义、作用与象征。有些部落，从男人的文身便可看出他的年龄、社会地位以及所立的战功。一些部落则认为文身具有神秘的作用。

乘坐"吉普尼"："吉普尼"是菲律宾最为普遍的交通工具，这是一种带车篷的厢式吉普车，其车厢内有相对的两排座位，乘客可随时打招呼上下。

1.

国名全称　沙特阿拉伯王国　The Kingdom of Saudi Arabia	国土面积　约224万平方千米	主要城市　利雅得、麦加、麦地那
国家首都　利雅得 Riyadh	人口数量　2300万左右	典型气候　热带沙漠气候
	语　言　阿拉伯语	

沙特阿拉伯 ⚜

利雅得市景：利雅得是沙特阿拉伯政治、商业、教育中心，设有全国最大的医院与利雅得大学，也是全国公路网的中心。

路两侧，茂密的树木遮住了炙人的阳光，市内有许多空地，上面种植着大片的绿草。典雅的别墅庭院中，芳草如茵，墙壁上爬满藤萝。为了调节气温，市区内还建有许多公园和喷泉。

由于境内石油资源丰富，沙特阿拉伯人可称得上是世界上最富裕的居民。在利雅得，拥有两三辆高级轿车的家庭并不稀奇，利雅得市民所享受的福利待遇也特别多，如免费教育、免费医疗、免收赋税等。

■ 1. 沙漠之国

沙特阿拉伯是阿拉伯半岛上最大的国家，海岸线长2400千米。国土大部分属阿拉伯高原，红海和波斯湾沿岸为平原低地，沙漠面积占国土的一半。沙特境内没有长年有水的河流和湖泊，仅在低洼处有地下水涌出地面，形成绿洲。除西部高原属地中海型气候外，沙特其余国土均为热带沙漠气候，年降水量仅100毫米左右。

■ 2. 沙漠中的"庭院"

利雅得是沙特阿拉伯的首都和中央省省府，坐落在阿拉伯半岛中部哈尼法谷地平原上。在阿拉伯文中，利雅得是"庭院"的意思。利雅得是一个现代化城市，城内分为居民区、工业区、农业区和商业区，布局井然有序。

利雅得属热带沙漠气候，绿化在这里具有特殊意义。沙特政府也非常重视绿化。在宽阔的马

■ 3. "圣地"麦加

麦加是伊斯兰教的第一圣地。它坐落在沙特阿拉伯西部赛拉特山区一条狭窄的山谷里，面积近30平方千米，人口约40万。

麦加城之所以名扬天下，是因为伊斯兰教创始人穆罕默德就诞生在这里。据记载，穆罕默德在麦加创立和传播伊斯兰教，由于遭到反对和迫害，于622年迁往麦地那，在麦地那决定把礼拜的方向朝向麦加，从此，世界各地的穆斯林都朝向麦加做礼拜。630年，穆罕默德率兵攻占麦加，并废弃多神教，把圣殿改为伊斯兰教清真寺。麦加城中心的大清真寺总面积达16万平方米，是穆斯林心目中最神圣的地方，可同时容纳30万穆斯林做礼拜。

麦加现由穆罕默德后裔管理。这里集聚着带有中古特征的宗教建筑和宫殿，居民的服装、语言和习俗还保留某些穆罕默德时代的风貌。

4."先知之城"麦地那

麦地那是伊斯兰教第二大圣地，位于希贾兹地区北部，麦加以北400千米处，东、西、北三面环山。麦地那旧称雅斯里布，622年，穆罕默德迁徙于此后改名为麦地那，意为"先知之城"。

麦地那是穆罕默德和四大哈里发时代的伊斯兰教政治中心，在伊斯兰史上占有重要地位。城内古迹众多，最著名的有穆罕默德亲自督建的先知清真寺，寺内有穆罕默德陵墓。附近还有穆罕默德于622年迁徙麦地那途中修建的古巴义清真寺、双朝向清真寺以及著名的伍侯德战役阵亡烈士陵园。

5.石油王国

沙特阿拉伯的石油资源非常丰富，目前已探明的石油储量为2612亿桶，占世界总储量的1/4以上，是世界上石油储量最大的国家，也是石油产量和销量最大的国家之一，因此被世界公认为"石油王国"。

除石油外，沙特的天然气储量也极为丰富，已探明的天然气储量为6.75万亿立方米，居世界前列。近年来，沙特大力推行经济多元化政策，努力发展采矿业、轻工业和农业等非石油产业，使依赖石油的单一经济结构有所改观。

6.伊斯兰教发源地

沙特阿拉伯是世界三大宗教之一——伊斯兰教的发源地。7世纪，伊斯兰教创始人穆罕默德的继承者们建立阿拉伯帝国，8世纪达到鼎盛，版图横跨欧、亚、非三洲。13世纪，阿拉伯半岛遭到蒙古人入侵，16世纪成为奥斯曼帝国的一个省。19世纪，由于外敌入侵，国土分裂。后于1932年完成国家统一，伊本·沙特即位为国王，国家由此定名为沙特阿拉伯王国。

7.严格的宗教禁忌

沙特阿拉伯人大多信奉伊斯兰教。他们忌讳左手递送东西或食物，认为这种举动有污辱人的含义。沙特阿拉伯人严禁饮酒，破戒饮酒要受到严厉制裁。沙特阿拉伯人还严禁崇拜偶像，在他们的心目中真主只有一个，所以不允许商店橱窗中有模特及出售小孩玩的洋娃娃。沙特阿拉伯人对男女间的接触非常忌讳，不仅男女房间严格区分开来，而且有专门为女人开设的银行、学校和娱乐场所，连公园都分男区和女区。女人出门一般要身裹长袍、头戴面纱，不准在生人面前露出面孔。

先知清真寺：麦地那先知清真寺是伊斯兰教第二大圣寺。该寺早期规模较小，建筑简陋，后经扩建，寺总面积为1.6326万平方米。先知清真寺气势磅礴，布局严谨壮丽，内外装饰精致华美，主体空间和外围广场可容纳100万人。

◁ 国名全称　新加坡共和国
　　　　　　The Republic of Singapore
◁ 国家首都　新加坡 Singapore
◁ 国土面积　约682平方千米
◁ 人口数量　400万左右
◁ 语　言　马来语为国语，英语为行政用语
◁ 主要城市　新加坡市
◁ 典型气候　热带雨林气候

新加坡 ⚜

■ 1. 航运的要道

传说在远古时代，亚历山大大帝的后裔乌塔马王子在海上航行时，船被暴风雨刮到现在的新加坡岛上。在岛上，王子看到一头怪兽，浑身赤红色，头部的毛黑亮，胸前还有一撮白毛。随行人员告诉王子这种怪兽叫狮子，王子便把这个不知名的小岛命名为"新加坡"，也就是"狮子"的意思。这个名字一直沿用至今。世人根据这个故事，又将新加坡称为"狮城"。

鱼尾狮像：鱼尾狮像坐落于新加坡河畔，高8米，重40吨，狮口中喷出一股清水。在鱼尾狮像背面场地上有四块石碑，碑文讲述了鱼尾狮象征新加坡的故事。

新加坡地处太平洋与印度洋航运要道马六甲海峡的入口，在马来半岛的南部。它北隔柔佛海峡与马来西亚为邻，南隔新加坡海峡与印度尼西亚相望。全境由新加坡本岛和附近50多个小岛组成，其中本岛东西约42千米，南北约23千米，面积占全国总面积的91.6%。岛上有格兰芝、裕廊等一些河流，但最长也不过6000多米。新加坡岛以外的50多个小岛中，圣淘沙岛和龟屿都已建成了旅游胜地。

■ 2. 花园城市

首都新加坡市是全国的政治、经济、文化中心，同时还拥有"花园城市"、"狮城"、"星洲"等别称。它是世界上最大的港口之一，也是非常重要的国际金融中心。其市中心区在新加坡河口南北两岸：南岸是绿树环绕、高楼林立的繁华商业区，这里的大厦比比皆是，其中一座72层的大厦曾是东南亚最高大的建筑物之一，著名的华人街——牛车水也在此区；北岸则是花草树木与楼宇交错的行政区，环境幽雅宁静，有国会、政府大厦、高等法院、维多利亚纪念堂等著名建筑，具有英式风格。新加坡街道整齐，绿树成荫，鲜花遍地，环境优美，全市宛如一座无比瑰丽的大花园。因为土地有限，新加坡有一些地方是填海建造的，比如世界最大、最壮观的机场之一——樟宜机场和著名工业区裕廊镇等都是填海建成的。

■ 3. 便捷的交通

新加坡本岛公路设施完善，10多条高速公

新加坡风光：新加坡地理位置十分重要，全国国土面积中城市面积占绝大部分，因而被称为"城市国家"。

新加坡人喜爱兰花，更偏爱卓锦·万代兰，因为即使在最恶劣的条件下，它也能争芳吐艳。卓锦·万代兰是新加坡的国花，它象征着新加坡人民刻苦耐劳、勇敢奋斗的精神。

亚洲国家地理

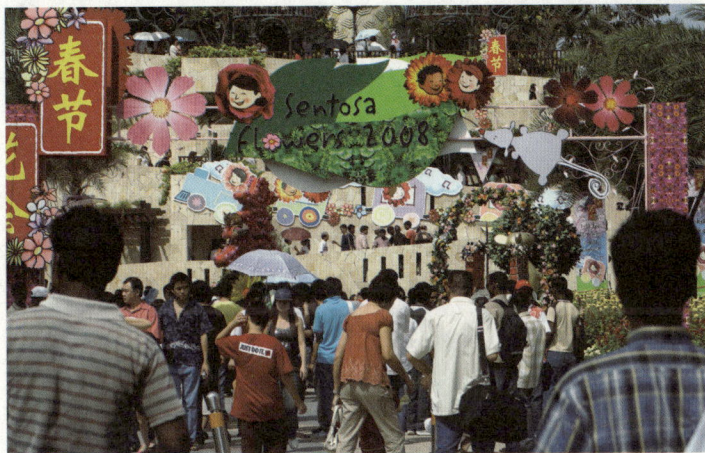

圣淘沙岛上的春节：2008年，新加坡春节与中国的春节正好重合。圣淘沙岛上处处张灯结彩，庆祝春节的到来。

路贯穿全岛。此外公共交通也非常发达，以地铁、公共巴士、的士为主。目前市政府已开通了多条地铁线路，公共汽车路线多达上百条。私家车普及率在新加坡并不高，主要是由于政府的诸多限制措施。私人购车必须首先竞标取得数量有限的拥车证，一张拥车证的价格就已经相当于一辆普通进口轿车的价格。

4. "亚洲四小龙"之一

20世纪60年代，亚洲的新加坡、韩国、中国台湾和中国香港先后推行出口导向型的经济策略，重点发展了劳动密集型加工产业，一跃成为在亚洲仅次于日本的经济体，在短时间内实现了经济的腾飞。这种成功的"东亚模式"引起全世界关注，它们因此被称为"亚洲四小龙"。

从20世纪60年代开始，新加坡国民生产总值的年平均增长速度都接近或超过10%。出口更是迅速扩张。现在的新加坡已经是亚洲第三大金融中心、世界第三大炼油中心、亚太地区最大的转口港，还是联系欧、亚、大洋

洲的航空中心。

5. 高薪与严惩

新加坡政府实行"高薪养廉"的制度，各高级公务员的年薪都是以私营领域为参照的。以现任新加坡总理李显龙为例，他的年薪为200万新元（约合132万美元），是美国总统的3倍，日本首相的4倍。

新加坡政府在世界最清廉政府的排名中名列第5。这除了得益于它的高薪养廉制度以外，还得益于其对贪污贿赂行为的严厉处罚。在新加坡，任何行贿、受贿的行为，最高可判5年监禁或至少10万新元（约合49万元人民币）的罚款。一旦被查出有问题，公务员不仅要受到经济惩罚或刑事处罚，而且会丢尽脸面，以后很难再在社会上找到较好的工作。

6. 众多景点

圣淘沙位于新加坡本岛南部，离市中心500米。这个田园式度假岛屿的马来文名字是"和平与宁静"的意思。岛上青葱翠绿、风景优美，有探险乐园、天然幽径、博物馆和历史遗迹等，让人远离城市的喧闹，得到彻底的放松。

新加坡动物园以开放式的理念设计，利用热带森林与湖泊为屏障，使游客可以不受铁笼和铁柱的遮拦而看得一清二楚。动物园占地28万平方米，收罗了250种动物，所展示的许多濒临绝种的动物之中，包括科摩多龙、睡熊、金丝猴，以及世界上最大的群居人猿。

名胜花柏山位于新加坡南部，总面积达56.46公顷。山上的花柏山公园建于20世纪60年代，并在1994年开始重新整修。目前花柏山公园主要有花柏顶、海事村、花丛走道、望东亭和缆车亭等景点。

◁ 国名全称　斯里兰卡民主社会主义共和国
The Democratic Socialist Republic of Sri Lanka
◁ 国家首都　科伦坡 Colombo
◁ 国土面积　约6.56万平方千米
◁ 人口数量　1990万左右
◁ 语　言　僧伽罗语、泰米尔语同为官方语言和全国性语言
◁ 主要城市　科伦坡、康堤
◁ 典型气候　热带季风气候

斯里兰卡

■ 1. "印度洋上的珍珠"

斯里兰卡原名锡兰。中国史书和佛学典籍上称其为"狮子国"或"执狮子国"，也称为僧迦罗国、细兰、西仑等。它是南亚次大陆南端印度洋上的岛国，西北隔保克海峡与印度半岛相望。其平原面积占全国总面积的80%，中、南部为阶梯状的高原山地。

斯里兰卡接近赤道，终年炎热，年平均气温28摄氏度。各地年平均降水量较多，风景秀丽，素有"印度洋上的珍珠"之称。

斯里兰卡是一个信仰佛教的国家，许多的习俗都与佛教有关。在斯里兰卡，佛教僧侣是备受尊敬的，斯里兰卡居民和佛教僧侣对话时，不论是站着，还是坐着，都要设法略低于僧侣的头部，更不能用左手拿东西递给佛教僧侣和信徒。进入寺院要赤脚，不可穿鞋和袜子，也不可戴帽子。

■ 2. "夏花"科伦坡

首都科伦坡是斯里兰卡的第一大城，位于克拉尼河口南岸。"科伦坡"在僧伽罗语中为"海的天堂"之意。那里四季如夏，风景秀丽，著名的维多利亚公园、德希瓦拉动物园以及专门供养各种蝴蝶的蝴蝶园，更是秀美无比，犹如"仲夏之花"。

科伦坡历史悠久。早在8世纪，阿拉伯人就在此筑屋定居，当时称"科兰巴"，是"港口和芒果树"的意思，后葡萄牙人改译为"科伦坡"。国家独立后即被定为首都。它地处海滨，街道上到处栽着国树铁木树和国花睡莲，还有直耸云霄的椰子树。这里有种奇特的"雨树"，它在傍晚时吸收水分，直到太阳东升后，叶子伸展开来，叶子里的水分就像雨滴似的洒落下来。

■ 3. 奇异的交易

斯里兰卡有一个少数民族叫森林维达人。他们与外族人交易的时候从来都不发出声音。每次森林维达人来到外族商人的集市选中所需商品后，就会一声不吭地放下自己带来的货物，交易即算完成。在整个买卖的过程中，双方既不讨价还价，也不说一句话。让人很难说清这到底是强盗交易，还是童叟无欺。

斯里兰卡国会大厦：
斯里兰卡国会大厦位于科伦坡贝塔区中心地带，建筑宏伟，精美壮观，是该市的标志性建筑之一。大厦由中国政府无偿援建，于1973年5月竣工，与后来由中国政府援建的西丽玛沃·班达拉奈克展览中心和班达拉奈克国际研究中心共同被看作是"中斯友谊的象征"。

◁ 国名全称	阿拉伯叙利亚共和国	◁ 国土面积	约19万平方千米	◁ 主要城市	大马士革、阿勒颇
	The Syrian Arab Republic	◁ 人口数量	2000万左右	◁ 典型气候	热带沙漠气候、地中海气候
◁ 国家首都	大马士革 Damascus	◁ 语　言	阿拉伯语		

亚洲国家地理

✿ 叙利亚

巴尔米拉地处几种文化的交汇处，其文化呈现出多元化的特点，既有古希腊、古罗马恢弘大气的风格，又有本地传统文化和波斯文化的神秘与华丽，1979年被列入世界遗产名录。

■ 1. 沙漠之国

　　叙利亚位于地中海东岸，北靠土耳其，东临伊拉克，南连约旦，西南与黎巴嫩、巴勒斯坦接壤。这里地形多种多样，包括西部山地、地中海沿岸平原、内陆平原和东南大沙漠。海岸线从北到南180千米。沿海平原的宽度从北部的3千米延伸到南部的18千米。

　　倭马亚大清真寺：倭马亚大清真寺位于叙利亚首都大马士革老城中央，是世界著名的清真寺之一，又名大马士革清真寺。这座大寺的原址是罗马主神朱庇特的神庙，后改作圣约翰教堂，705年时改建为清真寺。

　　幼发拉底河是叙利亚境内的第一大河，贯穿叙利亚东部。再往东是占全国面积52%的叙利亚大沙漠。

■ 2. "天国里的城市"

　　大马士革是叙利亚的首都，位于安提黎巴山山麓，巴拉达河和阿瓦什河的汇合处。大马士革是一座有4000年历史的美丽古城，被誉为"天国里的城市"。

　　大马士革分新城和旧城两部分。新、旧城之间以巴拉达河为界，旧城区在河的东岸，新城区在河的西岸。旧城区至今还保存着古罗马和阿拉伯帝国时期的许多名胜古迹，堪称"古迹之城"。其中有建于8世纪的倭马亚大清真寺、建于中世纪的凯旋门、建于11世纪的古城堡、18世纪初阿拔斯王朝建筑的华丽宫殿、古代"丝绸驿站"的遗迹……城内还有历史上各个时期建成的许多清真寺，都体现出了伊斯兰的传统。

■ 3. 巴尔米拉考古遗址

　　巴尔米拉是叙利亚著名的古城遗址，位于大马士革市东北230千米的沙漠之中，是古代联结波斯湾、东方各国以及地中海和西方各国的国际贸易中心，也是古代"丝绸之路"上的著名古城。1世纪时盛极一时，273年在战争中被毁。18世纪初重新发现。主要遗迹在长达1600米长的柱廊大道两侧，有凯旋门、剧场、王宫以及供奉闪米特族系神的贝尔神庙等。贝尔神庙建于2世纪罗马哈德良皇帝统治时期，四周有围墙，圆柱门廊高大壮观，两边为列柱廊，建筑后部的圆柱至今保存完好。

◁ 国名全称 泰王国　　　◁ 国土面积 约51万平方千米　　◁ 主要城市 曼谷、清迈
　　　　　 The Kingdom of Thailand　◁ 人口数量 6500万左右　　　◁ 典型气候 热带季风气候
◁ 国家首都 曼谷 Bangkok　　◁ 语　言 泰语

泰国 ❋

■ 1. 地势·河流·气候

泰国位于中南半岛中南部，境内地势北高南低，由西北向东南倾斜，全境以平原为主。西北部多山，北部为呵叻高原，地势比较平坦。中部是湄南河平原，东南沿海，南部多丘陵。泰国的主要河流有湄南河、湄公河等。

泰国地处热带和亚热带，全国大部地区属热带季风气候，全年气温在24至30摄氏度之间。全年可以明显分为三季。每年11月到翌年2月为凉季，3至5月为夏季，6至10月为雨季。由于地形和海洋的影响，各地气温、降水量有很大的差异。

■ 2. "天仙之都" 曼谷

曼谷是泰国的首都，东南亚第二大城市，主要的港口和政治、经济、文化中心。曼谷本名的意思是"天仙之都"，它的泰文全称译成罗马文共有142个字母，是世界上名字最长的国家首都。

大王宫：大王宫汇集了泰国建筑、绘画、雕刻和装潢艺术的精粹，其风格具有鲜明的暹罗建筑艺术特点，深受各国游人的赞赏，被称为"泰国艺术大全"。

曼谷位于湄南河下游，被河水分为两部分：东面的大曼谷是曼谷的主要部分，泰国的王宫、行政机构、商业公司、金融企业、夜总会和酒店等都集中于此；西面的吞武里则保持着泰国传统的乡村景象。

曼谷的佛教历史悠久，东方色彩浓厚，佛寺庙宇林立，建筑精致美观，以金碧辉煌的大王宫、流光溢彩的玉佛寺、庄严肃穆的卧佛寺等最为著名。

曼谷又是国际活动中心之一，每年有多达二三百个各种国际会议在此举行。城内设有联合国"亚太经社委员会"总部、世界银行、国际劳工组织以及20多个国际机构的区域办事处。

泰国是一个佛教国家，而莲又与佛有着千丝万缕的联系，无论是如来佛法座，或观世音站立的地方，都有千层的莲花。它象征着圣洁、庄严与肃穆。泰国即以睡莲作为国花。

■ 3. "泰北玫瑰" 清迈

清迈是泰国第二大城市，位于北部山地宾河上游西岸、曼谷以北750千米的素贴山下。清迈也是泰国的古都，建于1296年。如今古城的城墙早已拆掉，只有四角的城门作为古迹保存下来，而城外仍有护城河围绕，城内散布着寺庙殿堂，与新建的白色建筑错落相间，显露出清迈古

城的古雅和美丽。在层峦翠岭的围绕下，清迈的气候可算是泰国境内最适宜居住的胜地，每年泰王都要偕王后到清迈度假。

清迈当地轻快而有节奏的方言、独特的风俗、品种繁多的手工艺品、传统风格的建筑及富有特色的舞蹈和饮食，均令游客难以忘怀。

4. "珍珠"普吉岛

普吉岛是泰国南部的世外桃源，形状似一颗椭圆的珍珠，距离首都曼谷862千米，也是泰国境内唯一具有行省辖治地区的岛屿，共有543平方千米，面积大概与新加坡相近，是泰国最大的海岛。岛上的主要地形是绵延的山丘，点缀着盆地，并有39个小岛环绕。

围绕着普吉岛的是安达曼海的温暖海水、美丽的海滩、奇形怪状的小岛、钟乳石洞、天然洞窟等神奇景观，再加上美不胜收的海底世界，将普吉岛称为"热带天堂"最恰当不过。

5. 黄袍佛国

佛教是泰国代代相承的传统宗教，也是泰国人的生活重心。在全国人口中，佛教徒占了95%以上。由于泰国历代国王都护持佛教，所以佛教成为泰国国教，僧侣在社会上备受敬重，在社会各阶层有很大的发言权。泰国规定男子年满20岁时，至少需要出家3个月，每天清晨出外托钵、过午不食。泰国约有9000所教授巴利文和佛学的佛学院，另有两所佛教大学，只教授佛学。

泰国每年有4个佛教节庆，都是国家法定假日。在节日当天，法师们通过电视与广播广布佛法，民众要受持八关斋戒。佛教与泰国人的一生息息相关，如新居落成、婴儿出生、生日、结婚等场合，都要邀请法师诵经祈福。

6. 珠宝业

泰国的自然资源丰富，除了锡、钨、锑、铅、锰、铁、锌、铜等金属矿外，还出产各种宝石，其中以红宝石最享盛名。泰国红宝石大多数是红色或紫红色，偶尔也有略带橙色。红宝石被广泛地用于泰国王室首饰中。人们在泰国王室装饰品和泰国著名旅游景点——大王宫里的一些建筑物上也可以看到红宝石。著名寺庙玉佛寺里的玉佛身上穿的服装上也镶有红宝石。

目前泰国共有珠宝首饰加工厂400多个，珠宝加工技术工人130多万人，年产首饰1300多万件，其中出口数量占总量的80%以上。

普吉岛：普吉岛有各式各样的海滩，有的清静悠闲，有的豪华高贵，有的海上体育运动盛行，还有的海滩夜晚娱乐活动十分丰富。无论是单身前往，还是结伴而行，都能在普吉领略世外桃源的快乐。

佛教雕塑：佛教是泰国代代相承的传统宗教，也是泰国人的生活重心。

土耳其

1. 东西方交汇之地

土耳其地跨亚、欧两洲，位于地中海与黑海之间。大部分领土位于亚洲的小亚细亚半岛，欧洲部分位于巴尔干半岛东南部。

土耳其的气候类型变化很大。东南部较干旱，黑海被薄雾笼罩，地中海和爱琴海地区冬季温和，而多山的东部地区积雪期长达数月，异常严寒。一般来说，土耳其的夏季长，气温高，降雨少；冬季则降雪和冷雨较多。气候的多样性使土耳其的农作物品种极为丰富。果园、麦田和水库储有充沛的雨水，这里是世界上主要的烟草、开心果、葡萄干和水果蔬菜的产地。

2. 行政中心安卡拉

首都安卡拉以行政中心和商业城市闻名，

土耳其人钟爱郁金香，把它作为国花，含义是郁金香花像包着头巾的伊斯兰教少女一样美丽。

安卡拉旧城区：安卡拉地势起伏不平。市区分新旧两部分，老城以修建在一座小山丘上的古城堡为中心。新城环绕在老城东、西、南三面，均是欧式建筑，大国民议会和政府主要部门都集中在该区。

工业不很发达，只有一些中小规模的工厂。有人认为，早在公元前13世纪以前，赫蒂人就在安卡拉建立了城堡，当时称"安库瓦"。也有人认为，安卡拉是在公元前700年左右为弗里吉亚国王米达斯所建，由于他在那里发现了一个铁锚，便将这座城市命名为"铁锚"，之后，几经变化就成了"安卡拉"。

安卡拉现在是一个约有370万人口的现代化都市，市区分新旧两部分，老城以修建在一座小山丘上的古城堡为中心；新城环绕在老城东、西、南三面，尤以南面的城区最为整齐，均是欧式建筑，大国民议会和政府主要部门都集中在该区。贯穿南北的主要街道阿塔图尔克大道，是以共和国奠基人凯末尔的尊称命名的。安卡拉城内有许多清真寺。

3. 土耳其浴

传统的土耳其浴池是按照穆斯林风格建立起来的，地面和墙壁均用大理石砌成。洗浴时，一般先到大水池的热水中泡上一阵子，然后到小水池旁坐下，用金属制作的盛水瓢盛水，一瓢一瓢地浇洗头发和身上。净身后，浴客再到大理石台面上让人搓澡和按摩。与桑拿浴室不同的是，土耳其浴室内温度不高，大理

石板用温火加热，热量通过躺在上面的人的皮肤接触渗透到人体内部，再向外散发出来，起到益气活血、舒筋通脉的作用。土耳其浴池对土耳其人来说不仅仅是洗澡的地方，还是许多重要庆典活动的场所。在这里，不论是达官显贵或是平民百姓，都可以自由出入。

■ 4. 伊斯坦布尔

蓝色清真寺：土耳其历史名城伊斯坦布尔位于巴尔干半岛的东端，扼黑海咽喉，是土耳其最大的城市和港口，人口超过千万。市内最著名的建筑之一便是蓝色清真寺，寺内墙壁全部用蓝、白两色的依兹尼克磁砖装饰。

地跨欧、亚两洲的城市伊斯坦布尔是土耳其伊斯坦布尔省省会，也是土耳其最大的城市、最大的港口、工商业中心和旅游胜地。

伊斯坦布尔之所以闻名于世，主要原因之一是其得天独厚的地理位置。在亚洲大陆最西端的黑海与地中海之间，有一条至关重要的"黄金水道"，它把亚洲和欧洲大陆分割开来。从这里出发向北通过海峡直达黑海沿岸各国；向南接着地中海，从海上可通欧、亚、非三个大陆；站在伊斯坦布尔的高处向西望去，欧洲大陆近在咫尺；向东虽有帕米尔高原阻隔，但2000年间丝绸之路上商贾不断。

伊斯坦布尔不仅地理上横跨两洲，而且还兼收并蓄欧、亚、非三洲各民族思想、文化、艺术之精粹，从而遗留下许多举世闻名的名胜古迹，成为东西方频繁交流的生动见证。

■ 5. 特洛伊遗址

特洛伊城是土耳其古城，位于恰纳莱南部，北临达达尼尔海峡，坐落在平缓的城堡山脚下。特洛伊是公元前16世纪前后古希腊人渡海修建的，公元前13世纪至公元前12世纪时颇为繁荣。特洛伊城遗址的发掘始于19世纪中期，延续到20世纪30年代。考古学家在深达30米的地层中发现了分属9个时期、从公元前3000年至公元400年的城邦遗迹，找到了公元400年罗马帝国时期的雅典娜神庙，以及议事厅、市场和剧场的废墟等。这些建筑虽已倒塌败落，但从残存的墙垣、石柱来看，气势相当雄伟。公元前9世纪古希腊诗人荷马的史诗《伊利亚特》叙述的"特洛伊木马计"故事就发生在这里。

■ 6. 卡帕多西亚奇景

卡帕多西亚位于首都安卡拉东南约300千米处，该处的地貌异常奇特，平地之上耸立着许多远观形如石笋、近看却又形状各异的小山峰。石峰大多呈白色或灰白色，乍一看极似沙堡，亲手触摸才感觉出是质地坚硬的石头。据考证，数百万年前，位于今天土耳其境内的埃尔吉耶斯等多座火山大规模爆发，散落的火山灰在这一地区逐渐沉积下来，经过长达数千年的风化和雨水冲刷，最终形成了今天独特的地形地貌。

越南 ✿

1. 窄长的国家

越南位于东南亚的中南半岛东部，北与中国接壤，西与老挝和柬埔寨交界，东临南中国海。地形南北狭长，南北长1600千米，东西最窄处仅为50千米。其地势西高东低，境内四分之三为山地和高原。北部和西北部为高山和高原，中部长山山脉纵贯南北。主要河流有北部的红河、南部的湄公河。红河和湄公河三角洲地区为平原。越南全国地处北回归线以南，高温多雨，属热带季风气候。

河内主席府：河内主席府是越南标志性建筑，法国建筑风格，在法国殖民时期是总督府，越南独立后成为越南主席府。

2. "百花春城" 河内

越南首都河内，位于红河三角洲，是越南北部最大的城市。

河内是一座有着千年历史的古城，原称大罗，曾为越南李、陈、后黎诸封建王朝的京城，被誉为"千年文物之地"。法国殖民统治时期，河内为"法属印度支那联邦"总督府所在地。

河内分为内城（市区）和外城（郊区），内城历史上为禁城、皇城和京城所在地。禁城是皇帝、后妃及其子孙、侍从的住地。皇城在禁城之外，为皇帝和朝臣办事场所。京城环绕皇城，是街坊、集市、居民区。

河内风光绮丽，具有亚热带城市的特色。由于树木终年常青，鲜花四季盛开，市区内外湖泊星罗棋布，因此又有"百花春城"的美称。河内名胜古迹众多，享有盛名的旅游景点包括巴亭广场、还剑湖、西湖、列宁公园、文庙、独柱寺、玉山祠和龟塔等。

河内还是越南政治、经济、文化中心，全国著名的大专院校和科研机构大都集中在这里。河内的工业以机电、纺织、化工和其他轻工业为主，农作物以稻米为主，河内还盛产各类热带水果。

3. 西贡——胡志明市

胡志明市旧称西贡，是越南尚未统一时南越政权的首都，现为越南的直辖市。胡志明市是越南的经济中心、全国最大的港口和交通枢

纽，也是中南半岛陆海空交通中心。位于湄公河三角洲的东北侧、西贡河右岸。

胡志明市是一个风景优美的城市，美丽

> 槟榔果能驱虫、治腹胀、祛风、消水肿，常嚼槟榔还可刺激神经，提神醒脑，防治牙病和牙齿脱落，但食用过量可导致中毒。

的西贡河绕城而过，景色迷人。市内的国光寺、舍利寺、永严寺、天后庙、圣母大教堂、草禽园、查匈植物园、骚坛公园等都是游览胜地。市内还有许多具有法式风格或美式风格的建筑物。

■ 4. 美丽的下龙湾

下龙湾的名称历有种种传说：一说是上天遣神龙降临北部湾，助越南人民抗击外侵，龙口吐出颗颗龙珠打击侵略者，龙珠落进海里，化为岩石，耸立成山；还有人说有一群白龙从远方飞来，被这里的绮丽风光所吸引，便留在海湾里，翻腾激浪，化作千姿百态的奇山异岛。

据考证，这里原是欧亚大陆的一部分，后沉入海中，形成了这种自然奇观。大自然将山石、小岛雕琢得形状各异，有的如直插水中的筷子，有的如浮在水面的大鼎，有的如奔驰的骏马，还有的如争斗的雄鸡。最有名的是蛤蟆岛，形状犹如一只蛤蟆端坐在海面上，嘴里还衔着青草，栩栩如生。

■ 5. 世界三大"米仓"之一

越南是世界上最不发达的国家之一，经济以农业为主。1986年开始推行"革新"、"开放"政策。目前，越南经济经过调整已经走上正轨，进入持续高速增长时期。

越南属农业国家，近年大米出口量居世界第二位。越南水稻的种植区域主要分布在红河三角洲、湄公河三角洲及沿海平原。亚热带充足的阳光为越南水稻生长提供了得天独厚的自然条件，在一望无垠的红河三角洲，除了村庄、道路，便是水稻。在这里水稻一年可以两到三熟。在第二次世界大战之前，越南曾经是世界三大"米仓"之一。

■ 6. 典型的"越南女人"

越南女子习惯在正式场合穿国服"长衫"。长衫是越南女性独特的传统服饰，通常以丝绸或轻盈软薄的布料裁剪而成，款式类似中国旗袍，但自腰以下开高衩，配上同花式或白色布料的宽松长裤，不论蹲、坐、骑车都很方便。越南长衫手工精细考究，并不讲究穿着的身段，因此每个人穿起来都非常合身好看。头戴竹笠、身穿开衩长衫及一袭长裤，恐怕是大多数人心目中典型的"越南女人"的印象。

■ 7. 嚼槟榔

越南的京人、岱人、泰人、埃迪人都有一种嚼食槟榔的特殊爱好。他们常将槟榔擦上一点石灰膏或碱灰放入嘴中咀嚼，使槟榔产生化学反应，汁不吞咽，顺嘴角流出，嚼到无汁时把渣吐掉。嚼槟榔通常是先苦后甜，可刺激神经，提神醒脑，除积消肿。京人还把槟榔当做信物，无论求婚、请客，均送上一颗槟榔。

> 下龙湾：下龙湾不仅山明水秀，而且物产富饶，有许多名贵的水产。

1.

◁ 国名全称　也门共和国　　　◁ 国土面积　约55万平方千米　　　　◁ 主要城市　萨那、亚丁、荷台达
　　　　　　The Republic of Yemen　◁ 人口数量　2200万左右　　　　　　◁ 典型气候　热带沙漠气候
◁ 国家首都　萨那 Sana'a　　　　　◁ 语　　言　官方语言为阿拉伯语，部分地区通用英语

也门 ❧

1. 阿拉伯文明的摇篮

　　也门有3000多年文字记载的历史，是阿拉伯世界古代文明的摇篮之一。它位于阿拉伯半岛西南端，北靠沙特阿拉伯，东与阿曼相邻，西濒红海和曼得海峡，南面是亚丁湾和阿拉伯海，海岸线共长2002千米。境内的地形大致分为沿海平原、山岳地带、高原、沙漠和半沙漠地带。也门主要属于热带沙漠气候，沙漠地区炎热干燥，年均最高气温可达43摄氏度，不过山地地区的气候较温和，年均最高气温才28摄氏度，雨水也较充沛。

2. 历史悠久的萨那

　　萨那是也门首都，全国第一大城市，也是萨那省省会。它位于国土中部广阔肥沃的高原盆地上，海拔约2350米，是阿拉伯古老的城市之一。4世纪即为也门政治、经济和宗教中心。1990年成为统一后的也门共和国的首都。

　　萨那的市区由老城和新城组成。老城有许多古老的清真寺和宣礼尖塔，其中一些是古代阿拉伯王朝的珍贵遗迹，楼堂庙宇多用青

石、白石和黄石垒砌而成，体现出了正统的伊斯兰阿拉伯建筑风格。在老城还建有号称"第一座

> 也门人打造腰刀已有2000多年的历史，在也门，腰刀象征着勇敢和力量，以腰刀馈赠朋友是也门人的传统。

摩天大楼"的加姆达尼宫，这座宫殿建于2000多年前，高达20多层的雄伟建筑呈正方形，四角分别用白、黄、红、黑四色大理石砌成。新城城区则是现代商业比较集中的地方，现代化的高楼鳞次栉比，柏油马路宽敞整洁，一派现代化景象。

3. 腰刀与麻醉品

　　也门的男孩到了15岁，就开始佩带腰刀。这是他们走向社会和成熟的标志。对于也门男人来说，无论走到哪里，腰刀都要随身携带，失去了就是这个人最大的耻辱。在也门，只有服刑期间的犯人才不准佩带腰刀。

　　另一个有趣之处，也门人特别喜爱一种叫卡特的麻醉品。不论男女老幼都把嚼卡特当成一种乐趣，一天不嚼就受不了。每天下午两点左右，正是也门人嚼卡特的时间。在这个时候，即使你出双倍的价钱都很难找到工人，因为大家都在嚼卡特。

> 也门传统建筑：也门传统建筑大量采用石材，且装饰华丽，其中最有特色的是也门窗。也门窗是一种石膏花窗，安装在门窗顶部，透光性较好，十分美观。

Part 2

欧洲国家地理

走在时代前端的绅士

欧洲全称叫做欧罗巴洲，位于东半球的西北部，亚洲的西面，面积1016万平方千米，约占世界陆地总面积的6.8％，是世界第六大洲。欧洲文化是西方文化的源头。欧洲人既古典又现代，他们拥有最先进的现代科学技术，走在时代的最前端；他们的文化中又表现出古典的端庄，显得高贵与典雅。正是在这种古典与现代的交融中，欧洲人演绎着他们的浪漫与真实。

◁ 国名全称　奥地利共和国　　　　◁ 国土面积　约9万平方千米　　　◁ 主要城市　维也纳, 萨尔茨堡
　　　　　　The Republic of Austria　◁ 人口数量　820万左右　　　　◁ 典型气候　温带海洋性气候
◁ 国家首都　维也纳 Vienna　　　　◁ 语　　言　德语

奥地利

■ 1. "欧洲花园"

奥地利位于欧洲中部, 东临匈牙利, 东北与捷克和斯洛伐克相邻, 西北与德国相连, 西部狭小的边境与瑞士接壤, 南部邻国是意大利和斯洛文尼亚。

奥地利是东欧和西欧之间的必经之路, 欧洲重要的铁路干线都通过维也纳, 所以奥地利素有"欧洲心脏之国"和"东西方十字路口"的美称, 也是欧洲的文化中心。

奥地利是欧洲的"山国", 有"欧洲花园"之称, 森林覆盖面积约占全国面积的42%, 80%的国土是山地和山前地带。东阿尔卑斯山系横穿奥地利国土, 其北支向东北直到多瑙河流域, 地势渐缓, 形成丘陵、平原和低地。位于克恩顿州的大格罗克纳山是奥地利境内最高峰。多瑙河是流经奥地利最大的河流。

> 维也纳风光: 维也纳是奥地利首都、著名音乐城市、国际旅游胜地, 也是一座拥有1800多年历史的文化名城。维也纳环境优美, 景色怡人, 著名景点有美泉宫、霍夫堡皇宫等。

■ 2. "多瑙河的女神"

奥地利首都维也纳, 在多瑙河的南岸, 依山傍水, 森林环绕, 素有"多瑙河的女神"之称。从地理上看, 维也纳正处于欧洲的中心位置, 它是联结东西欧的交通枢纽, 历来就是一座国际性的城市。

维也纳的城市布局分明, 整个城市从内城到外城分为三层: 最里面是内城, 又叫古城。内城建筑很多, 宫殿、教堂古色古香, 而以修建于13世纪的圣·斯狄芬大教堂为内城的中心。内城之外, 是环绕内城的一条环街, 约50米宽。这条林荫大道两旁有许多博物馆、歌剧院、教堂, 还有大学、市政厅、国会等建筑。环街以外, 又有一条基本与环街平行的环形马路。这两者之间为中间层, 这里大都是商业区和住宅区, 也有一些宫殿、教堂夹杂在其间。环形马路以外为最外层。其东部、南部和东北部是工业区, 西部是别墅、公园和宫殿。

维也纳是一座音乐之城和文化之城, 古往今来世界乐坛上许多最有名的作曲家、演奏家和指挥家都同这座迷人的城市结下了不解之缘。"维也纳古典乐派"在这里创立。著名的音乐家舒伯特、勃拉姆斯就诞生在维也纳。贝多芬、海顿、莫扎特、施特劳斯父子等著名音乐大师长期在这里生活和创作。海顿在这里创作了世界第一支交响乐, 施特劳斯父子开创了圆舞曲和轻歌剧。

小约翰·施特劳斯（1825~1899年），奥地利著名音乐家。一生写了数百首圆舞曲，其中影响最大的、流传最广的是《蓝色多瑙河》。

欧洲国家地理

奥地利滑雪场：奥地利是现代滑雪运动的发源地，也是全世界第一滑雪大国。境内有76个滑雪地区，800多个滑雪场。滑雪成了奥地利人最钟爱的体育运动。每到冬天，他们都会为滑雪季节的到来而兴奋。

3. "北方罗马"

萨尔茨堡是奥地利西北部萨尔茨州首府，位于阿尔卑斯山山麓，濒临多瑙河支流察赫河，是奥地利北部交通、工业及旅游中心。

这里是大作曲家莫扎特的出生地，指挥大师卡拉扬也是萨尔茨堡人，因此素有"音乐之乡"的美誉，经常举行歌剧和戏剧演出或大型音乐会。萨尔茨堡由市区和三个郊区构成，市区被萨尔扎哈河的左岸和森林覆盖的小丘所挟，形成三角形。旧城区以古老的城堡为中心，可以看到许多文艺复兴和巴洛克式的建筑。萨尔茨堡的建筑艺术堪与威尼斯和佛罗伦萨媲美，有"北方罗马"之称。

4. 滑雪、登山和打猎

奥地利的山地及气候为滑雪创造了极好的条件。丹梅林格山脚下的修尔斯兹拉克是中欧滑雪比赛的发祥地，1893年在这里举办了第一届国际滑雪比赛，1907年滑雪教练修奈达创立了著名的阿尔修技巧。奥地利的许多山峰又很适合攀登，这为爱好登山运动的各国游客增添了不少情趣。有山必会有狩猎，奥地利政府在山区设立了许多狩猎区，里面养着各类动物，供游客猎获。

5. 音乐家的故乡

奥地利不仅风光秀丽，而且还是音乐家的故乡。最著名的音乐家莫过于莫扎特和约翰·施特劳斯。

莫扎特6岁时即能创作乐谱，7岁时便以《奏鸣曲》一鸣惊人，14岁时就被任命为宫廷乐师。1791年1月5日，35岁的莫扎特在贫病交迫中逝世，但他给人类留下了大量不朽的音乐名作，如歌剧《魔笛》、《唐·璜》、《后宫的诱逃》以及《费加罗的婚礼》等。

约翰·施特劳斯于1866年写出了《蓝色多瑙河》、《春之声》等名曲，使华尔兹盛行一时。他一生写过150多首圆舞曲、几十种波尔卡和进行曲，但他最大的功绩是和作曲家约瑟夫·兰纳一起奠定了维也纳圆舞曲的基础，因此，他也被人们称为"圆舞曲之王"。

6. 《尼伯龙根之歌》

奥地利文学的开端可以追溯到一部1200年左右创作的诗集，它来源于施蒂里亚的福劳修道院里。12世纪起，伴随着宗教文学，出现了骑士和宫廷文学。产生于1200年左右的《尼伯龙根之歌》，是欧洲文化区域内流传下来的影响最大的英雄史诗之一，也是骑士宫廷诗中最重要的一部。作者融合了许多异教的故事题材和源自5世纪的口头英雄传说，创作了这部史诗。史诗里充满了对命运的悲剧、对罪行不可避免的报偿、对正与邪和光明与黑暗力量无止境的交锋的描写。

维也纳：维也纳是奥地利首都、著名音乐城市、国际旅游胜地，也是一座拥有1800多年历史的文化名城。维也纳环境优美，景色怡人，著名景点有美泉宫、霍夫堡皇宫等。

国名全称	比利时王国 The Kingdom of Belgium	国土面积	约3.4万平方千米	主要城市	布鲁塞尔、布鲁日
国家首都	布鲁塞尔 Brussels	人口数量	1000万左右	典型气候	温带海洋性气候
		语 言	官方语言是法语和荷兰语		

比利时

■ 1. 西欧小国

比利时位于欧洲西部，西北濒北海，隔多佛尔海峡与英国相望，北靠荷兰，东接德国、卢森堡，南临法国。比利时位居欧洲中部古老山地的末端，地势从西北到东南逐渐升高。全境分西北部低地平原、中部丘陵、东南部高原。丘陵和平

撒尿小童"小于廉"：该铜像高半米，小孩调皮地微笑着，摆出撒尿的姿势，十分生动活泼。据说是他的一泡尿浇灭了进犯者的导火索，拯救了全市居民，故立此像来纪念他。

原占四分之三，高原占四分之一。博特朗日山海拔694米，为全国最高点。

比利时河网稠密，斯海尔德河和默兹河为重要河流。比利时天气温和，多数地区终年绿草如茵。冬季日照时间短，夏季凉爽。

■ 2. "欧洲的首都"

比利时首都布鲁塞尔是全国第一大城市，也是该国的政治、经济、文化中心和交通枢纽。它地处斯海尔德河的支流桑纳河畔，整个市区内有1700公顷的树林，是一座花园般的城市。

布鲁塞尔集中了比利时四分之一的企业，机械、化学、皮革工业尤其发达，它还是欧洲第五、世界第八大金融中心。作为著名的国际活动中心之一，有958个国际机构与办事处设在布鲁塞尔，其中包括北约和欧盟的总部，所以布鲁塞尔也被称为"欧洲的首都"。

■ 3. "小威尼斯"布鲁日

古城布鲁日，位于比利时西北部，是西佛兰德省的省会。14世纪时，布鲁日是欧洲最大的商港之一。19世纪末叶，这里开始了大规模的港口疏浚和修建工程。20世纪初，连接外港泽布腊赫的运河通航，工商业发展兴旺，故而有了"小威尼斯"、"佛兰德珍珠"等美称。

布鲁日：布鲁日市内河渠如网，风光旖旎，古式房屋鳞次栉比，充满浑厚的中世纪风貌。

市内河渠如网，风光旖旎，古式房屋鳞次栉比，很多建筑是依河道而建，市容仍保留有浑厚的中世纪风貌。城区河道环绕，水巷纵横，并有运河通往北海岸外港。城市里面很少有机动车和柏油路。

在布鲁日常可以看到妇女们坐在自家门前，编织各种花边、台布等，这是当地的一种独特风俗。圣母院是布鲁日最为著名的历史古迹，这里珍藏有15世纪意大利雕塑大师米开朗琪罗的大理石雕塑《圣母与圣婴》。

■ 4. 比利时巧克力

比利时巧克力素以优雅的香味和口感著称于世，欧陆式的金装礼盒和人工装饰包装，令人一见倾心。多年以来，从业人员在符合传统规格和贯彻行业大师约瑟夫·德拉普斯先生的秘方等方面一丝不苟，使巧克力成了甜食界极品中的极品。相传流亡比利时多年的法国文豪雨

> 布鲁塞尔：布鲁塞尔拥有全欧洲最精美的建筑和博物馆，市中心广场四周都是典型的哥特式建筑。

果的情人茱丽叶，每天用自己亲手制作的巧克力来表明爱恋之情，这大概是把巧克力作为传情达意使者的开始。

■ 5. 丰富多彩的游行

比利时的民间游行包括武装的宗教游行和化装游行。

武装的宗教游行起源于11世纪，龙龙是传说中害人的怪物，它来到蒙斯害人，于是圣约路出现歼灭了龙龙，武装游行就是为纪念这一胜利。当时游行常遭盗匪袭击，所以参加游行者必有武器，游行队伍边走边唱："龙龙啦，马马啦，圣约路游行队伍经过啦……"

化装游行起源于16世纪中叶，带有极浓厚的乡土气息。东部的马耳美第的化装游行是用长长的钳子一面夹鼻子和头发，一面在街道上游行。在斯塔布罗，游行者则穿着全白衣服，配着紫色的鼻子。

■ 6. 世界需要笑声

在比利时，连环画被看成是艺术的一种正规形式，各个年龄段和各个社会阶层的读者都阅读连环画，它已经成为比利时文化不可分割的一部分。比利时克诺克海斯特国际漫画节是欧洲乃至世界历史最为悠久的国际性漫画节，也是当今世界上规模最大的漫画展。漫画节始创于1961年，"世界需要笑声"是其不变的主题，每年都要围绕着幽默这一人类最为基本的文化元素面向全世界漫画家征集稿件。

◁ 国名全称	保加利亚共和国 The Republic of Bulgaria	◁ 国土面积 约11.09万平方千米 ◁ 人口数量 900万左右	◁ 主要城市 索非亚、瓦尔纳、图尔诺沃 ◁ 典型气候 温带大陆性气候、地中海气候
◁ 国家首都	索非亚 Sofia	◁ 语 言 保加利亚语为官方语言和通用语言	

保加利亚

1. 风景如画的国家

位于欧洲巴尔干半岛东部的保加利亚，北面与罗马尼亚以多瑙河为界，南接土耳其和希腊，东濒黑海，西邻塞尔维亚、南斯拉夫和马其顿。全境内分布着低地、平原、高山、丘陵、盆地和河谷等多种地形。70%的国土都是山地和丘陵，平均海拔470米。巴尔干山脉由东向西横贯保加利亚中部，以北为广阔的多瑙河平原，属于温和的大陆性气候；以南为罗多彼山地和马里查河谷低地，属于地中海型气候。

保加利亚地处北温带，山上郁郁葱葱，平地上片片田园，山清水秀，风景如画，气候宜人，巴尔干山区、黑海之滨都是旅游和疗养胜地。

2. "巴尔干矿泉城"

保加利亚的首都索非亚坐落在索非亚盆地南部，地处维托沙山、留林山和洛赞山三座大山的环抱之中。整个城市以"九九"广场为中心，

> 亚历山大·涅夫斯基教堂：教堂以意大利大理石为建材，晶莹光洁，堂内圣像和壁画多为俄国画师作品。它带有拜占庭和保加利亚建筑风格，其镀金大圆顶从索非亚市各处均可看到。

分为东南部的文化区、北部的工业区和中部的商业和行政区。广场上有季米特洛夫陵墓、政府大厦、革命博物馆、亚历山大·涅夫斯基教堂等。

索非亚素有"巴尔干矿泉城"的美称。这是因为在索非亚城南维托沙山麓一带，有一片水温在40摄氏度左右的天然矿泉区，周围建有22个温泉疗养基地。不仅如此，在市中心和郊区也有多处矿泉。除温泉外，这里还有不少甘泉，为市民、游客饮水而设的饮水店遍布全城。

> 玫瑰谷是保加利亚国花玫瑰花的集中产地。每年5月底到6月中旬，是玫瑰花盛开的季节，届时花团锦簇，芳香盈谷，人们在广场上载歌载舞，一群群"玫瑰姑娘"撒花瓣、献花环，一片欢乐景象。

3. 醉人的玫瑰谷

在保加利亚，玫瑰被奉为"国花"，每年6月初的第一个星期日被定为"玫瑰节"，人们到玫瑰谷举行盛大的庆祝活动。

在索非亚东南40千米处，有一个冬暖夏凉、水足土肥的山谷。每年五六月，那里都是香风迷醉，芳气袭人，这就是玫瑰谷。这里共生长有7000多种玫瑰，主要种植了粉红色和白色两种含油玫瑰，都是用来制造高级香水的。这儿的玫瑰为什么长得特别好呢？这是因为北面高山挡住了寒流，而地中海暖气流转过峡谷沿河而来，使谷中温暖湿润，为玫瑰生长提供了良好条件。

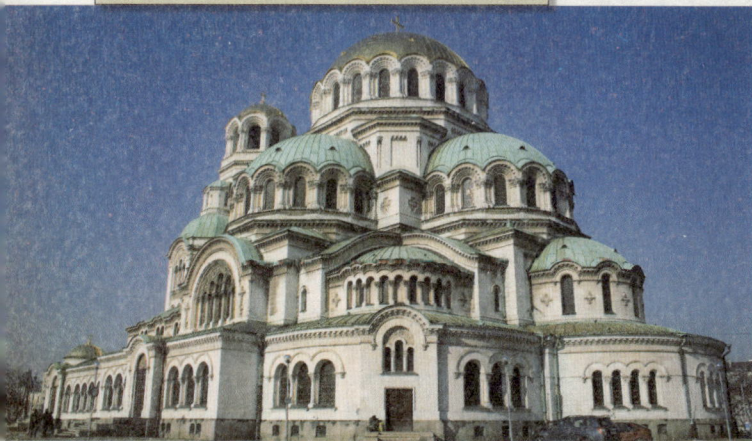

国名全称	克罗地亚共和国	◁ 国土面积	约5.65万平方千米	◁ 主要城市	萨格勒布、里耶卡
	The Republic of Croatia	◁ 人口数量	500万左右	◁ 典型气候	温带大陆性气候、地中海
国家首都	萨格勒布 Zagreb	◁ 语 言	官方语言为克罗地亚语		气候

欧洲国家地理

克罗地亚

萨格勒布是一座既古老又现代的城市，由老城、新区和二战后新建的现代化市区组成。萨格勒布目前还保留着早年发展起来的老式有轨电车，它是萨格勒布市的主要交通工具。

1. "千岛之国"

克罗地亚位于中欧的东南边缘，巴尔干半岛的西北，亚得里亚海的东岸。它隔着亚得里亚海与意大利相望，北部的邻国是斯洛文尼亚和匈牙利，东面和南面则是塞尔维亚与波黑。境内西南面为迪纳拉山地，多岩溶地貌。最高峰是迪纳拉山，海拔1831米。克罗地亚的岛屿众多，大大小小总共有1185个，其中最大的岛屿是景色秀丽的克尔克岛，该国由此也被称为"千岛之国"。

特殊的地理位置使克罗地亚境内呈现两种不同的气候类型，沿海地区为地中海气候，内陆地区则是四季分明的大陆性气候。

2. 文化古都

萨格勒布是克罗地亚的首都，1094年即在史料文献中正式出现，迄今已有900多年的历史。它面对萨瓦河，背靠斯列姆山，是克罗地亚最大的工业中心，在该国经济生活中占有举足轻重的地位。萨格勒布还是一座文化名城，市内文化单位很多，辞书馆、图书馆、档案局、研究所、艺术科学院、电影公司和音乐歌舞团都设在这里。国内著名的萨格勒布大学创办于1669年，是欧洲最古老的高等学府之一。萨格勒布最有代表性的建筑是圣·马克大教堂，其设计思想带有典型的斯拉夫风格。在圣·马克大教堂的另一端是保存完好

的萨格勒布古城门，它是老城仅存的一座城门，建于古罗马时代。

3. 能歌善舞的人民

相传是克罗地亚人最早发明领带。现在在克罗地亚仍然有以传统手工制作的领带。

克罗地亚人习惯穿亚麻布、毛料或绸料服装。男子服装多为长裤、衬衣加短外套，搭配皮靴；女子多穿衬衣、短上衣、坎肩、围裙，衬衣多有花边、刺绣等装饰，跳起舞来十分好看。当地人素以能歌善舞而出名。其民族舞蹈欢快优美，生动活泼。在聚会或跳舞的时候，通常会有一位大家公认跳得最好的青年出来领舞，他的未婚妻则是舞伴，在四弦琴、小提琴和笛子的伴奏下，人们一同翩翩起舞。同时由一位少女来领唱，周围的人则合唱叠句作为应和。

萨格勒布：萨格勒布是克罗地亚政治、经济、文化中心，也是克罗地亚民族文化的摇篮。这里曾经孕育了无数历史名人、文化创新和世界发明。

◉ 国名全称	捷克共和国	◉ 国土面积	约8万平方千米	◉ 主要城市	布拉格、布尔诺
	The Czech Republic	◉ 人口数量	1000万左右	◉ 典型气候	温带海洋性气候
◉ 国家首都	布拉格 Prague	◉ 语 言	捷克语		

捷克 ❦

■ 1. 中欧的内陆国

捷克共和国位于欧洲中部，东与斯洛伐克接壤，西同德国交界，北与波兰为邻，南同奥地利毗连。捷克由捷克、摩拉维亚和西里西亚3个部分组成，处在三面隆起的四边盆地中，北有克尔科诺谢山，南有舒玛瓦山，东部和东南部为平均海拔500至600米的捷克·摩拉维亚高原。捷克丘陵起伏，森林密布，风景秀丽。全国分为两大地理区：一为位于西半部的波希米亚高地；另一为位于东半部的喀尔巴阡山地。捷克地处北温带，受海洋性气候影响较大。

■ 2. 金色布拉格

布拉格是捷克的政治、经济和文化中心，也是欧洲最美丽的城市之一。地处欧洲大陆中心，分布在7座山丘上，有伏尔塔瓦河蜿蜒流经。布拉格建于928年，1230年，捷克王朝在此建都，1918年，成为捷克和斯洛伐克的首都。

布拉格现拥有各类古建筑物1700多处，

布拉格风光：布拉格的建筑顶部变化十分丰富，色彩也极为绚丽夺目，再加上浓郁的文化气息，使布拉格成为欧洲最美丽的城市之一。

有"世界建筑艺术博物馆"之称。该市最古老的建筑为维舍赫拉德城堡，始建于9世纪下半叶。中欧第一所大学——查理大学兴建于1357年。伏尔塔瓦河将布拉格分为两部分，河上建有十几座不同时期的桥梁。布拉格市区中以哥特式或巴洛克式建筑数量最多、最著名。它们大多为教堂，高高低低的塔尖毗连成一片塔林，因而布拉格有"百塔之城"之称。

■ 3. 古城布尔诺

布尔诺是捷克第二大城市，是南摩拉维亚州的首府及教育和工业中心，位于捷克·摩拉瓦高原东缘、斯夫拉特卡河和斯维塔瓦河汇流处。布尔诺城内保存

圣彼得与圣保罗大教堂：位于山坡上的圣彼得与圣保罗大教堂是布尔诺最显著的地标，从城内任一角落都可看得一清二楚，两个高耸的尖塔是其最佳标记。

有很多中世纪的古迹和古代建筑。市中心大教堂的钟楼每天上午11时要敲午时钟，以纪念"三十年战争"。2月25日广场周围是古建筑荟萃之地，这里的杰特里赫斯特尼宫（现为摩拉维亚博物馆）和建于1600年的布尔诺剧院均为典型的古代建筑。老市政厅建于1240年，现已改建为布尔诺市历史博物馆，走廊上悬挂的鳄鱼模型是布尔诺市的象征。新市政厅建于16世纪，曾为摩拉维亚议会和省法院所在地。

4. 波希米亚水晶

古老的捷克早在9世纪就拥有了玻璃制造技术。在文艺复兴运动影响下，波希米亚在16世纪初就成为欧洲水晶玻璃艺术品中心。捷克水晶制品的透明度及折光色彩都要胜于天然纯水晶，因而成就了"波希米亚水晶"世界首屈一指的品牌地位。捷克波希米亚人制造的水晶玻璃制品拥有独特的中欧风格，这主要得益于工艺品拥有的内在特征、外观光泽、厚度变化、雕刻表面的反光而产生的神秘光学效果，也得益于工艺师们一直把对时代的感悟融入自己的作品之中。

5. "布拉格之春"

"布拉格之春"国际音乐节是欧洲乃至全世界最著名的音乐节之一，每年5月12日斯美塔那逝世纪念日这一天，为期三周的音乐节在著名捷克作曲家斯美塔那的交响诗套曲《我的祖国》的优美旋律中拉开序幕。

1946年5月11日，为纪念二战胜利，并庆祝捷克爱乐乐团成立50周年，第一届"布拉格之春"国际音乐节拉开帷幕。首届盛会就吸引了

天文自鸣钟是布拉格的标志性建筑，是15世纪中期由一位钳工用锤子、钳子、锉刀等工具建造，至今走时准确。每到整点，钟上窗户便会打开，12个玩偶依次出场，大批游客都会前来围观。

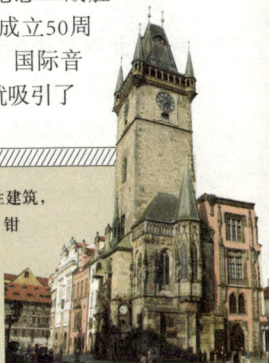

鲁道夫宫：鲁道夫宫是新文艺复兴时期里程碑式的建筑，也是布拉格音乐节开幕和闭幕演出的地方。宫内有一华丽的德沃夏克厅，著名作曲家德沃夏克曾在此主持了捷克爱乐乐团的首场演出。

各国音乐大师前来参加。在随后的60年中，马泽尔、卡拉扬、穆特、鲁宾斯坦等顶级乐人都曾与"布拉格之春"联系在一起，他们与其他音乐家共同造就了音乐节的辉煌历史。

6. 米兰·昆德拉

著名捷克小说家米兰·昆德拉生于捷克布尔诺市。1967年，他的第一部长篇小说《玩笑》在捷克出版，获得巨大成功。昆德拉偕妻子于1975年离开捷克，到了法国。他很快便成为法国读者最喜爱的外国作家之一，他的绝大多数作品，如《笑忘录》(1978)、《不能承受的存在之轻》(1984)、《不朽》(1990)等都是首先在法国走红，然后才引起世界文坛的瞩目。

米兰·昆德拉曾多次获得国际文学奖，并多次被提名为诺贝尔文学奖的候选人。其独具个性的作品一次次地在许多国家掀起了"昆德拉热"。

◁ 国名全称　丹麦王国
　　　　　The Kingdom of Denmark
◁ 国家首都　哥本哈根 Copenhagen

◁ 国土面积　约4.3万平方千米
◁ 人口数量　550万左右
◁ 语　言　官方语言为丹麦语，英语为通用语

◁ 主要城市　哥本哈根、欧登塞
◁ 典型气候　温带海洋性气候

丹麦

1. 北欧最小的国家

丹麦位于欧洲北部，地处波罗的海和北海之间，领土由日德兰半岛的大部分及西兰、菲英、洛兰和博恩霍尔姆等400多个岛屿组成，是北欧最小的国家。

丹麦南同德国接壤，西濒北海，是西欧通往斯堪的纳维亚半岛的桥梁，北部与东部隔海峡与挪威和瑞典相望，边界线只有68千米，海岸线长达7314千米，相当于地球周长的1/6。丹麦国土地质上属于德国大平原的延伸部分，全境地势低平，平均海拔约30米。

丹麦的天气变化很快，刚刚还是阳光灿烂，忽然就会下起雨来，不一会儿又会恢复到原来的天气。有人诙谐地说，在丹麦，最好的话题是天气，最常用的服装是雨衣。

2. "北欧的巴黎"

哥本哈根在丹麦语中意为"商人的海港"，它是丹麦的首都，北欧最大的城市之一，也是一座历史名城。据记载，哥本哈根原是一个小小的渔村，1167年左右，阿布萨朗主教在这里修建了城堡后成为商业和渔业的中心。1443年成为丹麦王国的首都。

人们赞誉哥本哈根为"北欧的巴黎"，因为这里有许多与巴黎相似之处，诸如有很多宫殿、博物馆和公园，还有河流（运河）从市内流过。哥本哈根著名的"走街"长约10余千米，两旁商店鳞次栉比。在丹麦众多的文化设施中，海滨公园不可不提，它除了拥有自然美景外，还有被看做是丹麦国家标志的"海的女儿"铜像。

安徒生铜像：安徒生（1805～1875年），丹麦19世纪童话作家，世界童话文学创始人。他的童话体现了丹麦文学中的民主传统和现实主义倾向。代表作品有《海的女儿》、《丑小鸭》、《卖火柴的小女孩》等。

3. 安徒生的故乡

欧登塞是丹麦第三大城市和第四大港，是菲英岛的首府，人口约20万。欧登塞已有千年历史。国王克努德四世由于在丹麦创立基督教有功，被列为"圣人"，后人还专门为这位"圣人"建造了一座优美的哥特式大教堂。中世纪，欧登塞成为许多朝圣者顶礼膜拜的圣地。11世纪发展成为繁华的商业中心。15世纪以后，又成为北欧5国举行会议的场所。欧登塞的工农业生产在丹麦占有重要位置，是丰富的农产品集散地。

欧登塞有世界著名童话大师安徒生的故居。故居本身很平常，只是欧登塞一栋普通的低矮尖顶小红房，坐落在一条古老而狭窄的小

欧登塞：欧登塞虽是个小城，但却十分美丽。通往市区的公路两旁，一座座红墙红瓦高屋顶的房子典雅而庄重，让人心驰神往。

胡同里。但由于文学大师的永恒魅力，这里成为丹麦最著名的旅游景点，每年吸引着大批来自世界各地的游客。

哥本哈根的嘉年华是一年中最重要的庆典。届时，会有各种各样的音乐、娱乐和表演。人们会举行游行欢庆，载歌载舞，热闹非常。

4. 安徒生童话

汉斯·克里斯蒂安·安徒生是19世纪北欧著名的作家，也是世界上杰出童话作家之一。他的童话被译成100多种文字。他的《丑小鸭》、《海的女儿》、《卖火柴的小女孩》、《小美人鱼》、《豌豆公主》、《皇帝的新装》等童话作品，已经成为世界人民共享的财富。

安徒生是位多才多艺的人，他不仅是一位著名的童话作家，还是小说家、戏剧家和诗人。一生中除了156篇脍炙人口的童话故事外，还写了长篇小说《即兴诗人》，短篇小说《没有画的画册》，自传《我的一生》，歌剧《拉默穆尔的新娘》、《尼柯莱塔之恋》，诗集《一年的十二个月》等大量作品。在欧洲的10年旅游生活中，安徒生画了许多小幅的速写画，画面简洁、明快、爽朗。他还有一手很好的剪刀功，许多剪纸作品幽默而富于想象力。

5. 皇家芭蕾舞团

丹麦皇家芭蕾舞团有90位演员。这些演员六七岁就在舞蹈团自办的学校里接受教育及舞蹈训练，长期的系统训练保证了他们既能演出古典芭蕾，又能演出现代芭蕾。丹麦皇家芭蕾舞团经常在世界各地进行巡回演出。在皇家芭蕾舞团赞助下，丹麦创立了全新的芭蕾舞奥斯卡奖，即安徒生芭蕾奖，每年奖给世界上最优秀的芭蕾表演者。授奖仪式在哥本哈根盛大的国际芭蕾舞节上进行。

6. 自由的国度

丹麦男女之间的交往非常自由，他们通常先在一起生活一段时间，以保证婚姻稳定，然后再举行婚礼。举行婚礼有不同的方式，一种情况是新郎、新娘身着便服，去当地市政厅由市长或副市长主持婚礼。有的婚礼也在教堂举行。在丹麦，有一种特殊的现象——"无证明婚姻"，男女双方没有经过正式婚礼就居住在一起，并且生儿育女。

7. 文明的国民

丹麦居民信奉基督教，大多数丹麦人坚持让自己的孩子在14岁时去教堂受洗礼，接受入教仪式。丹麦人自觉地注重环境保护，很多地方用风力发电以减少火力发电造成的大气污染。其次是以自行车代替汽车，许多城市人都骑自行车上下班，并提倡骑车旅游。

丹麦人很喜欢以鲜花做礼物。不过，丹麦人认为白色的花是不祥的预兆。除了葬礼上、新娘在结婚仪式上和儿童接受洗礼时使用外，其他的时候使用白花均被视为禁忌。他们送给客人的是黄色的花，送给外出旅行的人是红花。

哥本哈根港：哥本哈根不仅是丹麦首都，也是丹麦最大的港口。这里风景优美，气候宜人，地理位置十分优越，早在18世纪就成为欧洲商贸中心。

2.

◉ 国名全称 芬兰共和国　　◉ 国土面积 约34万平方千米　　◉ 主要城市 赫尔辛基、坦佩雷
　　　　　　The Republic of Finland　　◉ 人口数量 530万左右　　◉ 典型气候 温带海洋性气候、温带
◉ 国家首都 赫尔辛基 Helsinki　　◉ 语　言 芬兰语和瑞典语并用　　　　　　大陆性气候、极地气候

芬兰 ✦

■ 1. "千湖之国"

　　芬兰位于欧洲北部，是世界上最北面的国家之一，有四分之一的国土处在北极圈以内。它北接挪威，东邻俄罗斯，南濒芬兰湾，西连波的尼亚湾，西北靠瑞典。

　　芬兰地形南北长，东西短，尤以中部更窄。冰川地形多，是芬兰境内最显著的特点。由于冰川作用，造成十分平缓的地形和星罗棋布的湖泊，没有高山峻岭。在芬兰全部领土中，湖泊和沼泽地占一半，全境共有湖泊6万余个，人称"千湖之国"。

　　森林资源：森林是芬兰重要的自然资源，森林工业是芬兰的传统工业部门之一，占世界森林工业总产量的5%。

　　冬季的芬兰：芬兰的冬季漫长而寒冷，波的尼亚湾、波罗的海北部和芬兰湾的不少海面由于海水盐度低而封冻。

■ 2. "太阳不落之都"

　　赫尔辛基位于伸向芬兰湾的狭长半岛上，是波罗的海沿岸的海滨城市，属于斯堪的纳维亚与俄罗斯两种文化相互交融的产物，始建于1550年。两岸是美丽如画的海港，并且被几十个大小岛屿环绕着。市内的湖泊星罗棋布，周围满是茂密的森林，景色十分迷人。赫尔辛基是芬兰最大的工业中心、外贸口岸，也是优美建筑和文化设施林立的文化中心。赫尔辛基地处高纬度，在夏季，阳光普照的时间长达20个小时，因此，赫尔辛基又被人们称为"北方的白昼城"或"太阳不落之都"。

■ 3. 仲夏之节

　　每年6月24日是芬兰人民举国欢庆的仲夏节。这一天白昼最长，黑夜最短，芬兰北部整天都可以见到太阳。在当地的风俗习惯里，这个节日和圣诞节一样重要，到处都会

悬挂国旗以示庆祝。傍晚,人们穿着漂亮的衣服参加"仲夏之夜"的庆祝晚会。在太阳仍然普照大地的午夜,人们在乐曲声中翩翩起舞。农民

波罗的海的女儿铜像:赫尔辛基市中心的南码头广场上有一个圆形喷水池,池中有一尊名叫"波罗的海的女儿"的裸体少女青铜像,她被看做是赫尔辛基的象征。她端庄秀丽,温柔娴雅,面向大海,左手托腮,静静地凝望着芬兰湾。

们用树皮和木制的乐器演奏。舞蹈之后,人们再以金属酒杯盛满啤酒、水果酒或甜酒畅饮,唱着流传了数百年的民谣,尽情享受节日的欢乐。

4. 桑拿浴的发祥地

桑拿浴起源于芬兰,已有数千年的历史。在古代,桑拿浴室是芬兰人举行祭祀仪式的场所。古芬兰人把浴室看做是最洁净的地方,在参加各种喜庆活动之前都要去那里沐浴。在芬兰,不论是繁华的都市,还是穷乡僻壤;无论是国家机关,还是监狱,几乎家家处处都有桑拿浴室。"先盖浴室,后盖房"已成为芬兰人的传统观念。

浴室由原始的洞穴逐渐演变成圆木结构的小屋,密不透风,中央有个大铁炉,上面装满石块,洗澡时用木柴把石块烧热,将水泼在石头上,室内立即充满蒸汽,赤裸着进入的沐浴者很快就会汗流浃背。

5. 北极村

二战结束后,罗斯福夫人访问芬兰,前往北部罗瓦涅米参观,芬兰人于是在北极圈内修建了一个面积不足10平方米的小木屋,供罗斯福夫人驻足领略极地风光。小小的木屋对以后的客人产生了极大的吸引力,这就是

北极村的雏形。

芬兰人看到北极奇妙美丽的景象对外国人产生了这么大的吸引力,于是开始扩建北极村。20世纪60年代,设立了标有极圈位置的地图标志板,陆续建成了出售极地旅游纪念品的商店。如今,在北极村这个小镇的镇口竖有一块用4国文字书写的北极圈纪念碑,外国游客都喜欢在这里拍照。当年罗斯福夫人驻足的小屋则成了咖啡馆。

6. 萨米人的赛鹿节

萨米人是生活在北极地区的一个土著民族,世世代代靠饲养驯鹿为生,一直过着游牧生活。每年的3月15日是萨米人的赛鹿节。由于萨米族人口稀少,平时又难得相聚,所以每逢赛鹿节,不分男女老幼,人们都身着漂亮的民族服装,兴致勃勃地来到伊纳里湖欢度节日。

赛鹿节有两个比赛项目:一项是驾鹿比赛,一项是用绳索套鹿比赛。由于鹿生性不羁,不听号令,所以两项比赛都异常激烈。驾鹿比赛可以锻炼人们的勇敢精神和培养驯鹿技艺,而套鹿比赛则是萨米人放牧和狩猎时套鹿技术的表演时间。

赫尔辛基港:赫尔辛基既是芬兰的首都,也是芬兰最大的外贸港口,担负着芬兰对外贸易中近50%的货运量。

◁ 国名全称 法兰西共和国　　◁ 国土面积 约55万平方千米　　◁ 主要城市 巴黎、马赛、戛纳
　　　　　　The Republic of France　◁ 人口数量 6200万左右　　　◁ 典型气候 温带海洋性气候、地中海气候
◁ 国家首都 巴黎 Paris　　　　◁ 语　言 法语

法国

■ 1. 六边形的国家

　　法国位于欧洲西部，东南是地中海，西临大西洋，西北为英吉利海峡。东北部和北部与比利时、卢森堡、德国接壤；东部与瑞士接壤；东南有阿尔卑斯山，与意大利、摩纳哥相连；西南有比利牛斯山，同西班牙毗邻。法国领土呈对称的六边形，三边临海，三边靠陆。

　　法国是欧洲面积仅次于俄罗斯和乌克兰的第三大国。地形以平原和丘陵为主，地势西北低，东南高。全国大陆部分平均海拔342米，其中海拔低于250米的地区占了60%。主要河流有卢瓦尔河、罗讷河、塞纳河。地中海上的科西嘉岛为法国最大岛屿。

■ 2. 浪漫之都巴黎

　　巴黎，欧洲大陆最大的城市，也是世界最著名的繁华都市之一。巴黎坐落在法国北部巴黎盆地中央，受大西洋的影响，冬季温和，夏季凉爽，冬夏温差不大。市区四周群山环绕，风力较弱，因此巴黎上空常常雾气缭绕，空气显得潮湿闷人。塞纳河从东向西缓缓穿越巴黎，形成两座河心岛（斯德和圣路易）。河流两岸矗立的古老的哥特式、文艺复兴式和巴洛克式建筑，与现代化欧洲建筑群交相辉映，把巴黎装扮得既古朴典雅又充满青春的气息。

　　巴黎市共分20个大区，有大大小小的街道、林阴道5000多条。塞纳河将巴黎分成南北两个部分：北面称为右岸，是商业区，各类商业机构和商场林立，是巴黎的贸易、金融和消费中心，也是金钱、奢华、享乐的象征；南面称为左岸，是文化区，主要集中了各类科学研究机关和巴黎大学等全国半数以上的学府。碧波荡漾的塞纳河水环绕的希岱岛上，矗立着举世闻名的巴黎圣母院以及法国法院。

巴黎圣母院： 巴黎圣母院位于巴黎塞纳河中希岱岛的东端，始建于1163年。该教堂为哥特式建筑，堂内藏有大量13至17世纪的艺术珍品。19世纪法国著名现实主义作家雨果那部传世的同名小说更使得巴黎圣母院名扬天下。

■ 3. 影城戛纳

　　戛纳是法国东南部城市，与尼斯和蒙特卡洛并称为南欧三大游览中心，因国际电影节而闻名于世。戛纳电影节一年一次，它颁发的金棕榈大奖被公认为电影最高荣誉之一。每年举办电影节的建筑群坐落在500米长的海滩上。其中包括25个电影院和放映室，中心是6层高的电影节宫。全市影院每天要上映200多场，每届电影节约有4万电影界人士光临观摩，2500名记者前来采访。

罗浮宫：罗浮宫内藏有大量古代艺术品。有从古代到现代的各种雕塑作品，还有数量惊人的王室珍玩以及绘画精品等。

■ 4. 艺术圣殿罗浮宫

罗浮宫位于巴黎市中心塞纳河的北岸，始建于1204年，原来只是一座城堡。查理五世时期，罗浮宫成为法兰西皇宫。历经700年的修缮和扩建，罗浮宫成为一个庞大的皇家建筑群。占地45万平方米，其中建筑面积4.8万平方米。入口处的玻璃金字塔，由华人设计师贝聿铭设计。

罗浮宫是法国历史上最悠久的王宫，也是世界上最著名的艺术宝库之一。宫中藏品2.5万件，有被誉为"世界三宝"的《维纳斯》雕像、《蒙娜丽莎》油画和《胜利女神》石雕，更有大量来自于世界各地的价值非凡的古董。

■ 5. 凡尔赛宫

凡尔赛宫本是法王路易十三于1624年在凡尔赛树林中建造的狩猎宫，后来由路易十四改造成一座豪华的王宫。宫殿气势磅礴，布局严密。正宫东西走向，两端与南宫和北宫相衔接，形成对称的几何图案。宫顶建筑摒弃了巴洛克的圆顶和法国传统的哥特式尖顶建筑风格，采用了平顶形式，显得端正而雄浑。宫殿外壁上端伫立着大理石人物雕像，造型优美，栩栩如生。内壁装饰以雕刻、巨幅油画及挂毯为主，并配有十七八世纪工艺精湛的家具。

■ 6. 凯旋门

巴黎的凯旋门并非只有一座，但最为著名的是位于戴高乐广场中央的那座。1805年12月2日，拿破仑·波拿巴在奥斯特利茨战役中获胜，遂于翌年2月12日下令建此凯旋门，以炫耀军功。这座凯旋门高48.8米，宽44.5米，厚22米，中心拱门宽14.6米，四周都有门，门内刻有跟随拿破仑远征的286名将军的名字，门上刻1792至1815年间的法国战事史。门的正面下方有1920年建造的无名战士墓，墓前燃烧着长年不灭的火炬，还有天天供奉不断的鲜花。

■ 7. 先贤祠

先贤祠位于巴黎市中心塞纳河左岸的拉丁区，于1791年建成，是纪念法国历史名人的圣殿。先贤祠内安葬着伏尔泰、卢梭、雨果、爱弥尔·左拉、马塞兰·贝托洛、马尔罗和大仲马等。至2002年11月，共有70位对法兰西作出非凡贡献的人享有这一殊荣。

先贤祠中的艺术装饰非常美观，其穹顶上的大型壁画是名画家安托万·格罗特创作的。1830年"七月革命"之后，绘画的主题改变，先贤祠具有"纯粹的爱国与民族"之特性。

伟大的法国雕塑家罗丹在人生最后的10年时间里，居住于政府赠予他的大宅Hotel Biron并在那里集中创作。过世后，这里便成了他的博物馆。馆内的著名作品包括《上帝之手》、《沉思者》及《吻》等。

法国人一向走在时尚前沿，引领世界流行风潮。

■ 8. 驰名世界的香水

多年以来，法国香水及化妆品业在世界同类行业的贸易中一直名列前茅。法国香水的使用材料和精美包装，体现了法国人卓越的才华和高贵的品位。1730年，法国第一家香精香料生产公司诞生于格拉斯市。在巴黎，最早销售香水的商店于1775年开业。现在，法国的香水种类不计其数，主要名牌产品有"香奈尔5号"、"萨丽玛"、"时代风度"、"鸦片"、"阿娜伊斯"等。

香水业与服装业紧密结合，法国各大名牌时装公司几乎都有自己品牌的香水。法国香水的生产最初均使用天然原料，20世纪初，开始采用合成的方式生产香水。

选用香水是很有讲究的。每种香水都具有不同内涵和审美效果，所以在选用香水时要特别予以注意。首先要分清是女用还是男用香水，其次要注意使用场合、对象、季节、时辰、服饰、年龄、身体状况等因素。

香奈儿5号香水是全球第一支乙醛花香调的香水，它清幽的繁花香气令人倾倒，一经上市，风靡全球。

埃菲尔铁塔耸立在巴黎市中心的塞纳河畔。1889年3月建成，比当时最高的埃及金字塔还高一倍多，在1931年纽约的帝国大厦建成之前，一直被人们称为世界上最高的建筑物。

■ 9. "时装之都"

法国时装起源于路易十六时期，二战期间确立了巴黎在世界时装界的领导地位。二战之后，法国时装以更高、更快的速度向前发展。以服装设计著称于世的法国一直领导着服装的新潮流。法国服装的流行款式、流行面料、流行颜色几乎一年一变，令人目不暇接。巴黎时装远销世界各大洲。

高档服装是法国服装的精华，每件时装都用手工精心缝制，一针一线无不凝聚了设计大师的智慧与创造。每件时装犹如一件艺术作品，设计师自由地表现自己的创作意识，抒发对美的遐想和对潮流的体味。另外，与成衣不同的是，每件高档服装只能根据原样订做一件，所以能穿高档服装的人全世界也只有2000余位，身着法国高档时装已成为名流世界的女人们财富和地位的象征。法国被世界公认的名牌有21个，如巴尔曼、卡文、香奈尔、克里斯蒂安·迪奥、巴戈·拉班尼、皮尔·卡丹等。

■ 10. 葡萄酒的故乡

早在公元前1000年，腓尼基人就开始在地中海地区栽培葡萄，如今葡萄栽培已传播到世界各地，法国仍是其中首屈一指的葡萄故乡。法国的葡萄多分布在小型农场里种植，一般不超过10万平方米。法国葡萄酒产地中，最有名气的是波尔多、勃艮第、香槟地区、阿尔萨斯、卢瓦尔河谷、罗讷河谷地域6大产地。勃艮第产区的葡萄酒力道醇厚坚韧，被法国人尊称为"法国葡萄酒之王"。波尔多是全世界优质葡萄酒的最大产区，以出产红葡萄酒为主，口感柔顺细雅，极具女性的柔媚气质，因而有"法国葡萄酒王后"的称谓。法国年产葡萄酒大约6.5亿箱，占世界总产量的1/4。

❀ 德国

■ 1.“欧洲的心脏”

德国位于欧洲中部，处于北欧斯堪的纳维亚半岛和南欧巴尔干半岛之间。东部与捷克和波兰接壤，南接奥地利与瑞士，西边与荷兰、比利时、卢森堡和法国为邻，北边与丹麦接壤，并濒临北海和波罗的海。德国是东西欧往来的必经通道，又是南北欧交流的陆上捷径，处于欧洲陆上交通的十字路口位置，素有“欧洲的心脏”之称。

德国的地形异常多样，地势北低南高。从北到南依次为：北德低地，北部海岸的低湿地向南延伸为海岸平原，特点是湖泊星罗棋布，丘陵起伏不定；中部中等山脉隆起地带；西南部中等山脉梯形地带；南部阿尔卑斯山区和巴伐利亚高原，其中祖格峰海拔2963米，是德国最高峰。

■ 2. 古都柏林

柏林是著名的欧洲古都，始建于1237年。它处于欧洲的心脏位置，是东西方的交汇点，往北距离波罗的海、往南距离捷克均不到200千米。

柏林城市面积883平方千米，与任何一个德国城市相比都大出好几倍。柏林的公园、森林、湖泊和河流约占城市总面积的四分之一，整个城市在森林和草地的环抱之中，宛若一个绿色大岛。亚历山大广场电视塔四周环以现代化的旅馆、商店、会议厅、教师会馆等大型建筑，气魄雄伟、造型美观。库尔费斯腾达姆商业街长3千米，商店、服饰店、画廊鳞次栉比。此外，用乳白色花岗岩筑成的勃兰登堡门、有800年历史的圣母教堂、市政厅、博物馆岛上的古老建筑群、“水晶宫”、共和国宫、洪堡大学等亦十分著名。

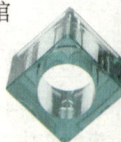

德国的科隆是举世闻名的香水产地，在这里研制成功了世界上最早的人工合成香精。巴黎香水虽远近驰名，但科隆香水却更古老，是世界香水之鼻祖。科隆香水又名古龙水，四季使用皆宜。

■ 3. 最大港：汉堡

汉堡位于易北河、阿尔斯特河和比勒河三条河流的汇合处，是德国最大的港口城市。那里有欧洲最现代化的港口，面积100平方千米，大小码头63个，有500多个泊位和通往世界

德国国会大厦：1957年在柏林落成的银色、屋顶呈蚌壳状的国会大厦是现代建筑的代表作之一，体现了古典式、哥特式、文艺复兴式和巴洛克式的多种建筑风格，是德国统一的象征。

1100多个港口的300多条航线，是全欧洲的第二大港。汉堡处于各条航线相交的中心位置，素有"国际商贸中心"之称，历来也是众多银行和保险公司的所在地。目前已有3000多家外国公司在此设立分公司，90多个国家和地区相继在此设立了领事馆。作为世界上著名"水上城市"之一，河道纵横，拥有2000多座大小不一的桥梁。

■ 4. "绿色的都城"波恩

波恩位于莱茵河中游两岸，是一座拥有2000多年历史的文化古城，因扼莱茵河上游山地和下游平原的咽喉，地理位置十分重要，历史上为著名的战略要地。1949年9月成为德意志联邦共和国首都。1990年10月德国重新统一后，首都逐渐迁往柏林。

波恩是欧洲绿化最好的城市之一，被誉为"绿色的城市"，城市异常清新、宁静。全市拥有大小公园、街心公园达1200多个，占地面积490多万平方米。市区周围是大片森林，园地、森林占全市总面积的三分之一以上，平均每个市民占有公园绿地17平方米、森林140平方米。波恩市最大的莱茵滨草公园，位于莱茵河畔、阿登纳大桥旁，占地面积160万平方米，几乎相当于波恩老城繁华闹市区的面积。莱茵河西岸有一条长达20多千米的林荫小道，这一带是波恩最长的步行区。步行区依山临水，风光秀丽，每逢节假日，游人川流不息。

■ 5. 汽车制造的巨头

1998年5月7日，德国汽车工业巨子戴姆勒—奔驰公司和美国第三大汽车公司克莱斯勒合并组成新的跨国公

司，即戴姆勒·克莱斯勒股份公司。在德国按销售额位居第一，按产量居第二。大众汽车是德国最大也最年轻的汽车公司，总部设在沃尔斯堡，是欧洲小汽车的主要生产商。大众汽车公司在国内有8个生产工厂，同时还大力向国外拓展。奥迪汽车公司是大众汽车公司的子公司，总部设在德国的英戈尔施塔特，年产轿车45万辆左右。

德国是仅次于日本和美国的世界第三大汽车生产国。

■ 6. 西门子电器

总部位于柏林和慕尼黑的西门子公司是世界上最大的电气工程和电子公司之一。其业务遍及全球190多个国家，在全世界拥有大约600家工厂、研发中心和销售办事处。公司的业务主要集中于6大领域：信息和通信、自动化和控制、电力、交通、医疗系统和照明。西门子拥有90多万名股东，是世界上最大的上市公司之一。公司超过55%的股本募集于德国境外。从2001年3月开始，西门子股票在纽约证券交易所挂牌交易。

■ 7. 守纪律的德国人

德国人非常注重规则和纪律，干什么都十分认真。他们很讲究清洁和整齐，不仅注意保持自己生活小环境的清洁和整齐，而且也十分重视大环境的清洁和整齐。德国人很重视服装穿戴，工作时就穿工作服，下班回到家里虽可以穿得随便些，但只要有客来访或外出活动，就一定会穿戴整洁。

奔驰汽车公司是德国第一大汽车公司，奔驰汽车不仅已成为社会名流必备的道具，甚至许多国家都采用它作为外交用车的标准车辆，"奔驰"已成了名副其实的名牌。

慕尼黑啤酒节：慕尼黑啤酒节是德国慕尼黑市的传统民间节日。它开始于5月份，9月份的最后一个星期进入高潮，一直到10月末结束，因此也被称为"十月节"。

■ 8. 慕尼黑啤酒节

慕尼黑啤酒节源于1810年，是为庆贺巴伐利亚储君卢德亲王与萨克森·希尔登豪森的黛丽丝公主共结百年之好而举行的一系列庆祝活动。德国的10月正值大麦和啤酒花丰收的时节，人们在辛勤劳动之余，欢聚在一起饮酒、唱歌、跳舞，以表达内心的喜悦之情。这一传统节日一直延续至今。近年来，慕尼黑啤酒节的规模越办越大，这个节日的影响已远远超出慕尼黑，而成为一个世界闻名的节日。

慕尼黑啤酒节之所以闻名，还因为它完整地保留了巴伐利亚的民间风俗。人们用华丽的马车运送啤酒，在巨大的啤酒帐篷开怀畅饮，欣赏巴伐利亚铜管乐队演奏的民歌乐曲和情歌雅调。人们在啤酒节上品尝美味佳肴的同时，还举行一系列丰富多彩的娱乐活动，如赛马、射击、杂耍、各种游艺活动及戏剧演出、民族音乐会等，充分表现出了巴伐利亚人民的热情、豪放、充满活力的性格。

■ 9. 诗人歌德

歌德（1749~1832年）出生于德国的法兰克福市，他是德国著名诗人、欧洲启蒙运动后期最伟大的作家。1774年，歌德的小说《少年维特之烦恼》问世，轰动了文坛，在欧洲青少年中掀起一股维特热。

歌德最著名的作品是《浮士德》，这是一部颇富哲学意味的诗剧，描写一个屡遭挫折，但仍然坚信正义和善良的人的故事。《浮士德》分成上、下两部，从构思到完成，前后共经历60年。此书奠定了歌德在世界文学史上的崇高地位。

■ 10. 音乐家贝多芬

著名音乐家路德维希·凡·贝多芬（1770~1827年），德国波恩人，世界音乐史上最伟大的作曲家之一。他是"维也纳古典乐派"的最后一位代表人物，与海顿、莫扎特一起被后人称为"维也纳三杰"。他在自己短短的57年生涯里，为人类留下了无价的音乐宝藏，因此，世人尊称他为"乐圣"。

贝多芬的音乐风格鲜明独特，他的作品中热烈激昂、振奋人心的斗争音调十分突出。贝多芬一生创作了大量的作品，尤其是交响曲，交响曲创作多采用扩充的奏鸣曲形式。第五号交响曲《命运》是他的代表作品，体现了作者一生与命运搏斗的思想，"我要扼住命运的咽喉，它不能使我屈服"，是一首光明战胜黑暗的凯歌。

■ 11. "中国味"的狂欢节

位于巴伐利亚中部的小城迪特福特，每年2月都会举办一次"中国味"的狂欢节。节日当天，凌晨2时就有数十位各色装扮的人走上街头开始做准备。下午1时，狂欢节开始。在1个小时后，彩装大游行正式开始。由50辆彩车、步行方队和乐队组成的游行队伍在老城区内穿行。节庆的主题和游行参加者的装扮都是"中国式"的：彩车大多以"龙"为主要图案；游行参加者的服装以明、清时期的服装为主。街头巷尾都是写满中国字的标语、横幅，均表现出了浓浓的中国特色。

◁ 国名全称	希腊共和国	◁ 国土面积	约13万平方千米（15%为岛屿）	◁ 主要城市	雅典，萨洛尼卡
	The Hellenic Republic	◁ 人口数量	1200万左右	◁ 典型气候	地中海气候
◁ 国家首都	雅典 Athens	◁ 语　言	希腊语		

希腊 ❧

帕特农神殿 ▶

1. 欧洲文明的摇篮

希腊位于巴尔干半岛最南端，东地中海北岸。北同保加利亚、马其顿、阿尔巴尼亚相邻，东北与土耳其欧洲部分接壤，西南濒爱奥尼亚海，东临爱琴海，南隔地中海与非洲大陆相望。希腊，意为"希伦人居住的地方"。这里是世界文明最早发展的地区之一，也是欧洲文明的发祥地。

希腊是一个三面环海的国度，海岸线长约1.5万千米，陆地边界总长度为1170千米。希腊多岛，大小2000多个岛屿占去了全国土地面积的近五分之一。正是由于环海，希腊人也成为一个善于与大海打交道的民族，自古以来就有发达的航海业。

2. "女神的明珠"雅典

希腊首都雅典在国境东南部的阿蒂卡半岛，是古希腊文明的发源地之一。公元前4世纪为地中海区域的文化中心，艺术、文学、哲学已很发达。古城最早建于阿克罗波利斯山，以后逐步扩展。

雅典卫城是古希腊灿烂文明最集中的体现，坐落在雅典市中心一个陡峭的山冈上，始建于公元前8世纪，原是雅典奴隶制统治者的城

爱琴海风光：桑托林岛位于南爱琴海，岛上风光优美，白色建筑在海水的映衬下十分美丽，遂被称为"白屋森林"。

堡，后改建为宗教活动中心。目前残存的遗迹包括帕特农神殿、卫城山门、埃雷游西奥神殿和雅典娜胜利神庙。

作为卫城主体建筑的帕特农神殿是希腊全盛时期建筑与雕刻的主要代表，被誉为"希腊国宝"。此外，雅典国家考古博物馆是世界最著名的博物馆之一，也是研究古代希腊艺术的宝库，这里收藏着大量极为珍贵的古希腊雕塑，不仅数量多，艺术水平之高更是令人叹为观止。

3. 克里特岛

克里特岛位于希腊南部顶端，是爱琴海中的最大岛屿，自古以来便以经营农业为主。凭借当地丰富的农业收入，克里特岛成为希腊的首富。甚至有人说，希腊是靠克里特供养起来的。

克里特岛还是希腊文明的发祥地。公元前7000年左右，亚洲血统的克里特人开始移居岛上，公元前3000年时已进入文明社会。公元前18至前15世纪，是克里特文明的鼎盛期，克诺索斯宫殿、玛利亚宫殿等，都是在这一时期建成的。克里特文明为当时世界上最发达的文明之一。

4. 德尔菲古迹

德尔菲位于雅典西北145千米处，与雅典卫城和奥林匹亚同为希腊三大最著名的古迹。它坐落在深山之中，背靠悬崖峭壁，俯瞰着10千米外的科林斯湾，地理位置十分优越。

德尔菲主要由阿波罗太阳神庙、雅典娜神庙、剧场、体育场组成，其中最有名的是太阳神庙及庙内的神谕所。据希腊神话说，阿波罗通过预言和神谕向人们传达有关未来的预测和

柏拉图是古希腊唯心主义哲学的集大成者，也是欧洲哲学史上第一位建立唯心主义体系的哲学家。他认为一切具体事物都是虚假、相对和临时的，只有"理念"才是真实、绝对和永恒的。

欧洲国家地理

他父亲宙斯的旨意。他的神谕不仅管生死祸福等个人私事，也管战争、叛乱等国家大事。所以在古代，每逢战争及其他重大事件，希腊人常到此地祈祷。

5. 奥林匹亚古竞技场

奥林匹亚古竞技场位于伯罗奔尼撒半岛西部的奥林匹亚村，距雅典370千米，是世界奥林匹克运动的发祥地。远古时代，该村是一个宗教圣地。公元前460年，建成了宙斯神殿，殿内巨大的宙斯神像被列为"世界七大奇迹"之一。

竞技场位于神殿区的东面，四周是土坡修成的看台，可容纳4.5万名观众。古竞技会名义上是一种庆典活动，用以祭奠"众神之主"宙斯，但实际上却是因为希腊各城邦之间连年征战，要求青年人通过体育运动锻炼坚强的意志和强壮的体魄，以提供合格的兵源。不过，竞技会期间，交战的各城邦都要

奥林匹亚竞技场遗址：奥林匹亚古城经历了时间的风雨后苍茫依旧，看着这些断壁残垣，使人不禁回想起古希腊时期那一段辉煌灿烂的文明。

休战，借以推进和平、促进友谊，这逐渐成为奥林匹克精神。

6. 希腊神话

希腊神话产生于希腊的远古时代，包括神的故事和英雄传说两大部分。神的故事叙述了开天辟地、神的产生、宗谱和活动，以及人类的起源等内容。在古希腊人看来，神是当时客观存在的，因此就有了万神之王宙斯、太阳和光明之神阿波罗、勇敢和智慧女神雅典娜等神祇。希腊神话中的神大都自私、任性、好争权夺利、嫉妒心和复仇心

雅典娜像：雅典娜是掌管着智慧与正义的女神，也是雅典的守护神。雅典卫城内建有雅典娜胜利女神庙，庙顶高高耸立着雅典娜雕像。

很强，人性色彩比较浓厚；英雄传说则不同，其中既有神化了的历史事件，也有讲述远古社会生活和人与自然斗争的故事。传说中的英雄都是神和人所生的后代，也都是古希腊人崇拜的对象。这些英雄大多体力过人、聪明机智，是古代劳动人民集体力量、智慧和高尚品质的化身。

国名全称　匈牙利共和国　　国土面积　约9.3万平方千米　　主要城市　布达佩斯、德布勒森
　　　　　The Republic of Hungary　人口数量　1100万左右　　　典型气候　温带大陆性气候
国家首都　布达佩斯 Budapest　　语　言　匈牙利语为官方语言

匈牙利

1. 中欧的盆地

　　匈牙利位于欧洲中部的喀尔巴阡山脉盆地，是中欧内陆国。它东邻罗马尼亚、乌克兰，南接斯洛文尼亚、克罗地亚、塞尔维亚和黑山，西靠奥地利，北连斯洛伐克。南北长268千米，东西长528千米。

　　匈牙利大部分地区为平原和丘陵，平均海拔200米以下。全国可划分为多瑙河中游平原、北部山地、外多瑙河山地和丘陵、多瑙河中游小平原和德拉瓦河谷5个地形区。流经的主要河流有多瑙河和蒂萨河，多瑙河在境内长416千米，蒂萨河在境内长579千米。最大的湖是巴拉顿湖，面积598平方千米，为中欧最大淡水湖。

2. "多瑙河明珠"

　　作为匈牙利首都，布达佩斯是欧洲著名的古城，在过去几个世纪里，它一直是奥匈帝国的中心。它位于多瑙河两岸，西岸多山，为布达；东岸是平原，为佩斯。二者之间以9座桥

梁相连，构成了一幅奇特的景象。它风光旖旎，景色宜人，被人们誉为"多瑙河明珠"。联合国教科文组织早已将布达佩斯的多瑙河沿岸列入了世界遗产名录。

不管是吉卜赛的音乐还是舞蹈，都那样热情、奔放，极富表现力和感染力。

　　布达佩斯是全国的政治、经济、文化中心，全市的工业产值约相当于全国的一半。特别是机器制造、冶金、化学、纺织和食品工业等都很发达。布达佩斯交通方便，地下铁道四通八达，并穿过多瑙河底，将布达和佩斯从地下连在一起。

　　布达佩斯古迹众多，圣玛利亚教堂、渔人堡以及巴洛克式的皇宫都建于此。布达佩斯是世界上最安静的城市，林阴道安静，咖啡馆幽静。全市有近500个博物馆，收藏有无数的艺术珍品。

链子桥：连接布达与佩斯的是9座气势雄伟、风格迥异的大桥。其中最著名、最古老、最壮美的是链子桥，始建于1839年，1849年完成，是布达佩斯的标志性建筑。

3. 吉卜赛音乐

　　匈牙利是音乐之邦，吉卜赛音乐在国内占据着显赫地位。在匈牙利的许多饭店内，客人们都能欣赏到他们欢快的旋律。

　　吉卜赛人的音乐才华很受重视，早在15世纪末，他们就在宴会上演奏音乐，还用于出征时鼓舞士气。匈牙利的作曲家有许多受到吉卜赛音乐的启示。李斯特曾说，吉卜赛人保留了最早的匈牙利音乐传统，让这个传统历经数百年依然鲜活。

◁ 国名全称	冰岛共和国	◁ 国土面积	约10.3万平方千米	◁ 主要城市	雷克雅未克、阿库雷里
	The Republic of Iceland	◁ 人口数量	30万左右	◁ 典型气候	温带海洋性气候
◁ 国家首都	雷克雅未克 Reykjavik	◁ 语 言	官方语言为冰岛语，通用英语		

>>>>>>>>>>>>>>>>>>>
欧洲国家地理

✿ 冰岛

■ 1. "冰火奇岛"

冰岛位于北大西洋中部，靠近北极圈，是欧洲最西部的国家，也是欧洲的第二大岛。全境内四分之三都是海拔400至800米的高原，现代冰川总面积达到了1.19万平方千米，占全岛面积的11.5%。与此相对的是，还有100多座火山，其中活火山20多座。华纳达尔斯赫努克火山为全国最高峰，海拔2119米。冰岛还是世界温泉最多的国家。冰川、火山、温泉，这三大奇景使冰岛成了非常奇妙的"冰火之国"。

■ 2. "蒸汽海滩"

冰岛的首都雷克雅未克是岛上的第一大城市，交通发达，环境极为整洁。大约有85%的冰岛人都是利用地热来取暖的，首都雷克雅未克也是如此。它从城市的井里或北边的地热区提取温度在80至140摄氏度的热水，然后经由一条很长的管道输送到城里，水到达屋内仍有75

冰岛风光：冰岛属寒温带海洋性气候，因受墨西哥湾暖流影响，较同纬度的其他地方略温和。夏季日照长，冬季日照极短。

至80摄氏度。事实上，冰岛移民首先注意到的就是从雷克雅未克中部的"温泉谷"冒起来的蒸汽。而"雷克雅未克"一词在冰岛语中就是"蒸汽海滩"的意思。

■ 3. 冰岛的珍奇景观

冰岛夏季日照时间很长，每年的六七月份，几乎终日可以看到太阳。冬季日照时间极短，人们习惯在漫漫长夜里以读书为乐。秋季和冬初偶尔可见极光。

雷克雅未克：雷克雅未克市内建筑布局匀称，没有摩天大楼，都是小巧玲珑的住房，且颜色十色鲜艳。在太阳的照射下，五彩斑斓，色彩纷呈。

冰岛还有世界著名的间歇喷泉区，那里到处冒着灼热滚烫的泉水，弥漫的热气如烟似雾。其中每几分钟可喷20多米高的间歇喷泉，喷发的景象十分壮美。而冰岛境内最著名的海克拉火山是一座活动相当频繁的火山，有记录以来，该火山爆发超过1100次。近90年来，共爆发了15次。

2.
· · · · ·

◁ 国名全称 爱尔兰共和国　　　◁ 国土面积 约7万平方千米　　　◁ 主要城市 都柏林、科克
　　　　　　The Republic of Ireland　◁ 人口数量 400万左右　　　　◁ 典型气候 温带海洋性气候
◁ 国家首都 都柏林 Dublin　　　　◁ 语　言 爱尔兰语、英语

爱尔兰 ⚜

■ 1. 绿色宝岛

爱尔兰东北同英国的北爱尔兰接壤，东隔爱尔兰海、圣乔治海峡同大不列颠岛相望，西临大西洋。

爱尔兰海岸线长3169千米，东海岸较为平直，沿海多断续的山地，中部为平原和丘陵，平原面积约占全国总面积的一半以上，间有部分低地，南部有威克洛山，西部的卡兰托希尔山海拔1041米，为全国的最高峰。中部湖泊、沼泽星罗棋布，矮小的山脊分布其间。河流多流经沼泽、湖泊后入海，最长的河流香农河，约长370千米，其他河流均较短。最大的湖泊为科里布湖。

由于有大西洋暖流流经西海岸，爱尔兰岛气候宜人，夏日凉爽，冬季无严寒，四季常青，被欧洲人称做"绿色宝岛"。

■ 2. 首都都柏林

科克：科克是一座历史名城，极具历史和考古价值，其中世纪城市的风貌被完好地保存了下来。

都柏林位于爱尔兰岛东部，濒临爱尔兰海，城市坐落在威克洛山北侧。都柏林自中世纪以来一直是爱尔兰首都，也是爱尔兰岛上最大的城市。这里是全国政治、经济、文化、教育、金融、旅游中心，也是水陆交通枢纽。整个城市干净整洁清幽，著名的三一学院（即都柏林大学）、爱尔兰主教大学、国家图书馆、博物馆以及都柏林皇家学会均设于此。市郊西北部的丹辛克天文台建于1783年，是世界上最古老的天文台之一。此外，都柏林在20世纪初就有"戏都"之称，一年一度的都柏林国际戏剧节就在这里举行。

■ 3. 南部大港科克

科克是爱尔兰的第二大城，位于南部科克湾西北端的利河河口，是欧洲最好的天然良港之一，也是横渡大西洋的航运中心。该地以出产玻璃和银器著称，现在是爱尔兰的纺织和皮革工业中心。

科克也是众多现代化先锋企业的总部所在地，是世界微电子和制药工业的国际化基地。科克是一个快速发展的文化和艺术中心，以久负盛名的盛大节日著称，如5月份的合唱节、9月份的民间文化节、10月份的国际电影节和爵士乐节等。科克还是远近闻名的旅游胜地，城市四周青山环绕，绿树成阴，有丘陵、河流和山谷，美丽的海滩点缀着海岸线。

■ 4. 纽格兰奇史前巨墓

爱尔兰首都都柏林以北约45千米的博因河湾中，有一处已有5000多年历史的考古遗址。博因遗址群以三座大型石墓为主，其中以纽格詹姆斯·乔伊斯（1882～1941年） 生于爱尔兰首都都柏林，是20世纪现代派文学巨匠和意识流小说的大师。他的创作"宣告了19世纪的末日"，"标志着人类意识进入新阶段"。代表作品《尤利西斯》。

欧洲国家地理

着日月星辰对陵墓建造者的重要作用。

半便士桥：半便士桥是都柏林利菲河上的一座人行桥，也是都柏林的象征，因以前过桥要支付半便士过桥费而得名，现已自由通行。桥身原采用铸铁拱，1970年改为金属桥面。

兰奇巨墓名气最大。

巨墓始建于公元前3100年左右，但直到1699年人们才在修路时偶尔发现了它。从外形看，古朴的纽格兰奇巨墓不过是高坡坡顶上一个微微隆起的圆形大土堆，但其实它的构造堪称工程史上的奇迹。墓基由97块数吨重的大石头水平铺就，而整座墓则是由20多万吨石头和土块垒成的。

在纽格兰奇的这些巨石坟墓里，屹立着许多带有饰纹的巨石，其中有螺旋形、同心圆、V字形、三角形、菱形等，它们通常构成墓道的一部分或者垒砌在墓冢外沿。有人认为，这些带有雕刻图案的巨石建筑，也许可以向我们提供当时人们的宗教信仰、宗教仪式的某种线索。也有人认为，这是古人对自然力量的歌颂。圆圈和螺旋可能是天体的象征，巨石陵墓中的那种天象排列，似乎暗示

■ 5. 爱尔兰威士忌

爱尔兰人喜欢喝威士忌，而且酿造出了世界闻名的优质爱尔兰威士忌。爱尔兰人以马铃薯为主食，常以具有世界独一无二的马铃薯做法而自豪，他们制造的爱尔兰威士忌就是用马铃薯制成的。用马铃薯制作的含酒精饮料除威士忌外，还有波丁、果子酒以及浓红茶等。此外，让他们引以为傲的还有用海藻制成的冰激凌。

■ 6. 爱尔兰踢踏舞

踢踏舞是介于表演舞与土风舞之间的，以下肢跳跃、膝髋摆收动作为主的，追求足跟踢踏发出声响效果的一种舞蹈。这种舞蹈动作幽默诙谐，情感节奏奔放外向，和爱尔兰人的个性很相符。爱尔兰踢踏舞是最为古老的踢踏舞蹈形式，也称为吉格舞、水兵舞。因舞者穿木底

爱尔兰踢踏舞是爱尔兰民族的一种传统艺术形式。爱尔兰著名的踢踏舞剧有《大河之舞》、《王者之舞》、《火焰之舞》等，十分精彩。

鞋，踏出各种节奏，因此也叫"木鞋舞"。每年11月爱尔兰都要举行文化艺术节——费滋节，进行踢踏舞比赛。踢踏舞是爱尔兰的国粹，是英伦三岛悠久历史文化孕育出的艺术精髓，在世界舞坛上有着不可替代的地位。爱尔兰踢踏舞团，如"大河之舞"、"舞之魂"等都在全世界享有盛誉。

纽格兰奇巨墓：纽格兰奇墓区石头上多有奇怪的螺旋形图案，或单独出现，或成组出现，有的沿同一方向旋转，有的则反方向旋转。至今，人们也无法猜透其中的含义。

- ⊙ 国名全称　意大利共和国　　　　⊙ 国土面积　约30万平方千米　　　⊙ 主要城市　罗马、佛罗伦萨、威尼斯
　　　　　　　The Republic of Italy　⊙ 人口数量　6000万左右　　　　　⊙ 典型气候　地中海气候、高山气候
- ⊙ 国家首都　罗马 Rome　　　　　　⊙ 语　　言　意大利语，个别边境地区讲法语和德语

意大利 ⚜

■ 1. 欧洲长靴

意大利共和国位于欧洲南部。它西同法国接壤，北与瑞士、奥地利相连，东同斯洛文尼亚毗邻，南与阿尔及利亚、突尼斯、利比亚和马耳他隔海相望。

意大利是一个多山的国家，阿尔卑斯山是意大利最高的山脉，平均海拔在3000米左右。意、法边境上的勃朗峰，海拔4807米，为全国最高点。

意大利火山数量之多，规模之大，在世界上也是出名的。埃特纳火山在爆发速度和爆发频率上都堪称世界之最，同时其破坏性和对人类的危险性在世界所有火山中也是首屈一指的。而坐落在意大利南部那不勒斯湾的维苏威火山则是欧洲唯一一座位于大陆上的火山。

意大利的国土大部在欧洲伸入地中海的亚平宁半岛上，西北东南走向，形状狭长。西部是撒丁王国的旧地撒丁岛，南部的西西里岛是意大利另一个大的岛屿。在地图上

看，意大利恰似一条穿着长靴的腿正在踢球。

■ 2. 古都罗马

罗马城建于公元前753年，起初建在7个山丘上，故有"七丘城"之称，地处意大利西海岸、台伯河下游丘陵地带，台伯河从市内流过。罗马是意大利共和国的首都，古罗马帝国的发祥地，也是具有2700多年历史的世界文化名城。

罗马以其古城闻名于世，既有古罗马的遗址，又有众多的文艺复兴时代的古迹。当你漫步在面积为200多平方千米的罗马城区时，形状怪异的残垣断壁、规模宏伟的宫殿和博物馆、庄重辉煌的教堂、巧夺天工的雕刻、千姿百态的喷泉随处可见。这里有号称世界奇观的古罗马露天竞技场、著名的罗马水道、古罗马废墟、戴克利先浴场、凯旋门、万神殿（亦称潘提翁神殿）、天使古堡等，不胜枚举。

> 威尼斯：威尼斯素有"水城"之称，蜿蜒的流动的清波，壮丽的建筑，处处充满着诗情画意在小船上，仿佛徜徉于梦幻般的天堂。

> 佛罗伦萨：佛罗伦萨是一座具有悠久历史的文化名城，它既是意大利文艺复兴运动的发源地，也是欧洲文化的发源地。市内最高大的建筑便是佛罗伦萨大教堂，该教堂巍峨耸立，已成为佛罗伦萨的象征。

■ 3. 水上名城威尼斯

亚得里亚海滨城市威尼斯，是世界闻名的水上城市，素有"水都"之称。它是意大利东北部的重要港口，威内托大区的首府以及旅行家马可·波罗的故乡。

威尼斯四周为海洋所环绕，只有西北角有一条长堤与大陆相连。城市建在距陆地4000米的海边浅水滩上，由188个小岛组成，177条大小河道构成了城市的"大街小巷"，401座各式各样的桥梁把城市和岛屿连在一起。这里开门见水，出门乘船，是世界上唯一没有汽车的城市。全市共有轮船、汽艇5000多艘。

■ 4. "欧洲的艺术明珠"

佛罗伦萨是一座历史悠久的文化古城。这里是意大利著名的手工艺品和工艺美术品的生产中心，其手工制作的皮革制品、金银首饰、珠宝陶器、草编刺绣等在国际市场上久负盛名。佛罗伦萨还是收藏文艺复兴时期艺术品最多的城市之一。这里有40多个博物馆和画廊，60多座宫殿和一大批风格各异的教堂，藏有大量艺术精品和珍贵文物。整个城市就像一座陈列了无数艺术珍品的博物馆。因此被誉为"欧洲的艺术明珠"。

■ 5. 快速发展的国度

意大利是一个缺乏重要工业原料的国家，经济对外依赖性较大，工业起步比其他西方发达国家晚。它又是二战的战败国，战争使意大利工农业生产遭到严重破坏，经济处于崩溃的边缘。战后意大利经济不仅恢复得很快，而且保持了较高的发展速度。特别是20世纪50年代初到70年代初，这20年时间是意大利经济发展的"黄金时代"，被称为"意大利的经济奇迹"。

■ 6. 旅游大国

意大利是世界上数一数二的旅游大国，旅游收入是国家财政的重要来源。意大利旅游资源丰富。它有优越的地理位置，夏季阳光明媚，气候宜人，有广阔的海滩和风景秀丽的地中海景色；冬季的阿尔卑斯山则是天然的滑雪场，还有古罗马和文艺复兴时期的大量名胜古迹。在旅游设施上也比较齐备，既有高级的豪华旅馆，也有价格便宜的低档客栈，甚至还有帐篷宿营地、家庭临时出租客房等，能满足不同层次旅客的需要。

■ 7. 意大利的美食

我们最熟悉的意大利食品就是比萨饼和意大利面。此外，乳酪自古就是意大利菜不可或缺的材料，现在世界知名的意大利乳酪多达几百种。意大利的烟熏肉和香肠也颇负盛名。意大利人还喜食各种海鲜，从剑鱼到乌贼，种类繁多。而味道浓烈的意大利浓咖啡和卡布奇诺咖啡，更是风靡全世界。意大利人一般是饭前喝开胃酒，席间视菜定酒，吃鱼时喝白葡萄酒，吃肉时喝红葡萄酒，饭后喝少量烈性酒，而且酒里常常会加冰块。

比萨饼是意大利的特产，现已成为全球通行的名吃。据统计，意大利的比萨店多达2万多家。

庞贝是位于意大利西南沿海坎帕尼亚地区的一座古城。公元79年因为维苏威火山喷发而被掩埋，全城超过2.5万人皆命丧火山岩下，留下了许多让人惨不忍睹的遗骸。

■ 8. 热情的意大利人

用爽朗随和、热情好客、讲究礼貌这些词来形容意大利人，并不过分。意大利人属于"见面熟"，在社交场合，当你与一位彬彬有礼的意大利人闲谈时，开始可能会有点拘束，但不用几分钟就会变得十分融洽，无话不谈，双方频频举杯，互相祝贺。下次再见面时就是老朋友了。如果你问路，意大利人会热情地给你指点方向，甚至送你一程，把你带到要去的地方。意大利人给人的印象是爱喝、爱聊、爱唱、爱跳，和他们在一起就会把"愁"字忘记。意大利是个嗜酒的民族，男男女女都能喝，来了客人首先是以酒招待，甚至喝咖啡、吃冰激凌也要掺点酒，以增加其香味。

叹息桥：威尼斯桥的名字很特别，有一座拱廊桥叫叹息桥，是死囚走向刑场的必经之路。每当囚徒至此，见到桥下等候诀别的亲人，总是哀叹不已，所以有了这个哀伤的名字。

■ 9. 热闹的狂欢节

狂欢节又叫"谢肉节"，起初是罗马天主教徒在封斋开始前三天举行的一个宗教活动，因封斋期间教会禁止食肉，故人们在此节期间举行各种宴饮活动，称为"谢肉"。后来演变成为人们庆祝冬去春来的游乐和狂欢活动。在意大利罗马、佛罗伦萨、比萨、维亚雷焦等城市都举行狂欢节。威尼斯是意大利和欧洲狂欢节最热闹的城市之一。威尼斯狂欢节最大的特点是化装游行，人们穿着鲜艳的奇装异服，戴着形形色色的假面具或画着五颜六色的脸谱，有的踩着高跷，装扮成各色人物，表演各种滑稽动作。年轻人和孩子往往身披盔甲，手持宝剑，模仿古代骑士或游侠。

■ 10. 以葡萄的名义

在意大利，葡萄代表幸福和吉祥，全国用"葡萄"命名的广场、街道、桥梁、饭店、公园、村庄多达700多处，可以说意大利人对葡萄情有独钟。低缓的山坡地、地中海式的气候特别适宜于葡萄的栽培。意大利葡萄的种植面积达130万公顷，还有45万公顷土地套种葡萄。意大利葡萄和葡萄酒的产量均居世界前列，与法国不相上下。

■ 11. 历史悠久的植物

在意大利中部、南部和西西里岛生长着地中海沿岸特有的一种木本油料植物——油橄榄。在意大利，油橄榄的种植已有两三千年的历史，果实成熟后可以生食，也可以榨油。油橄榄的含油率高达35%至60%，是优良的木本油料之一。橄榄油在地中海沿岸国家有几千年的历史，在西方被誉为"液体黄金"、"植物油皇后"、"地中海甘露"，原因在于其极佳的天然保健功效、美容功效和理想的烹调用途。

卢森堡

■ 1. 欧洲的"绿色心脏"

卢森堡位于欧洲西北部,东邻德国,南毗法国,西部和北部与比利时接壤,是欧洲最小的国家之一。其地势北高南低,北部阿登高原厄斯林区占全境三分之一,最高点布尔格普拉兹峰海拔约550米。南部为古特兰平原。较大的河流有摩泽尔河、乌尔河和苏尔河。该国的土质含铁丰富,呈现红褐色,故卢森堡又被称为"红土国"。其森林资源丰富,全国森林面积近9万公顷,覆盖率为国土的三分之一,素有欧洲的"绿色心脏"之称。

■ 2. 卢森堡城

卢森堡的首都卢森堡城位于国家南部古特兰平原的中心,分为老城区和新城区。老城区至今还保存着一些古老的宫殿、教堂和炮台。最著名的有建于15世纪的尖塔式大公宫殿和宏伟壮观的圣母教堂。大公宫殿位于圣母教堂北方的土姆广场上,该建筑的风格受到意大利文艺复兴运动的影响,内部装饰十分讲究且精致,特别是主会厅、国王的房间和宴会厅。圣母教堂里面供奉的是圣母玛利亚,教堂内部金碧辉煌,内坛饰以名贵的雪花石膏雕像,墙柱上则雕刻着精美的图案,北门是文艺复兴时期艺术风格与巴洛克风格相结合的产物。新城区位于佩特鲁斯河南岸的平原上,全市最繁华的商业中心和政府机关办公楼都集中在此。市郊有全欧洲闻名的蒙多尔芙温泉,现已成为国家公园。

■ 3. 经济强国

卢森堡虽然国土面积很小,人口较少,但却是一个经济发达的国家,其经济的三大支柱分别为钢铁工业、金融业和广播电视业,素有"钢铁王国"和"国际金融中心"的美称。该国的人均国内生产总值超过4万美元,在世界上位居前列,与美国不相上下。创建于1911年的阿尔贝德钢铁公司是世界十大钢铁公司之一。卢森堡还是世界上第七大金融中心,在国际金融市场上所占份额为11%,人均拥有银行数量居世界首位。

卢森堡圣母教堂也称为圣子圣母教堂,是卢森堡的标志之一。建于1613至1621年,是晚期哥特式教堂复兴时代的风格。

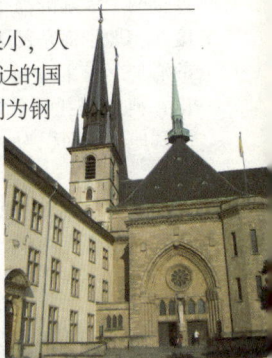

阿道夫大桥:阿道夫大桥横跨于卢森堡大峡谷之上,是卢森堡的市标之一,建于19世纪末20世纪初。桥高46米、长84米,是一座由石头砌成的高架桥,位于卢森堡车站西北方。

国家之最 / 卢森堡素有"钢铁王国"之称,人均钢产量约为6吨左右,居世界首位。

◁ 国名全称 马耳他共和国　　◁ 国土面积 约316平方千米　　◁ 主要城市 瓦莱塔
　　　　　The Republic of Malta　◁ 人口数量 40万左右　　　◁ 典型气候 地中海气候
◁ 国家首都 瓦莱塔 Valletta　　◁ 语　言 官方语言为马耳他语和英语

马耳他

1. "地中海的心脏"

马耳他又叫"马尔蒂斯群岛"，是地中海的一个小国。它位于地中海中部，距离意大利的西西里岛90千米，距非洲大陆300千米，是连接两个大陆的海上桥梁，还是大西洋通往印度洋和地中海东部的交通要道，故有"地中海的心脏"之称。全境由马耳他、戈佐、科米诺、科米诺托和菲尔夫拉5个小岛组成，其中马耳他岛的面积为245平方千米，是全国最大的岛屿。

马耳他岛地势西高东低，丘陵起伏，间有小块盆地，无森林、河流或湖泊，缺淡水。气候属于地中海气候。

2. 瓦莱塔

瓦莱塔位于马耳他岛东北端马耳他湾的一个狭长半岛上，是马耳他的首都和政治、经济中心，也是全国最大的港口、国际航空线要站和欧洲文化名城。它是以圣约翰骑士团第六任首领让·德拉·瓦莱塔的名字命名的。

瓦莱塔城门前的三叉海神喷泉和腓尼基大旅馆是全欧洲闻名的建筑。市内的马努埃尔剧院，是目前欧洲尚存的最古老的木制式的巴洛克式剧院之一。另外，市内还有建于1571年的骑士团宫殿和建于1578年的圣约翰大教堂、多利尔宫、西班牙宫、圣约翰骑士墓、圣保罗教堂、圣爱尔摩城堡等著名古建筑。其整个城市都是宝贵的文化遗产。1980年，瓦莱塔被联合国列入了"世界文化与自然遗产保护名录"。

> 瓦莱塔：在让·德拉·瓦莱塔抵御土耳其人的入侵时建起了这座新都。他说："这是一座绅士为绅士建造的城市。它不仅是一个固若金汤的要塞，还要成为一个政治、文化和经济中心。"

> 马耳他位于地中海的中央，拥有众多天然良港，各国船只在此来往如梭，当地的小游船也独具特色。

3. 众多的节日

马耳他的国家法定节日达到15个之多，全国性的一般节日和地方上的民间节日更是难以统计。其中最重要的节日有圣诞节、复活节、圣保罗船只失事节和耶稣殉难日等。节日期间，全国统一放假，人们便组织各种乐队和舞蹈团体，准备许多彩灯和烟火上街游玩，许多人还戴上面具去参加化装舞会和种种奇怪的庆祝活动。

◁ 国名全称　荷兰王国　　　　　◁ 国土面积　约4.2万平方千米　　◁ 主要城市　阿姆斯特丹、鹿特丹
　The Kingdom of the Netherlands　◁ 人口数量　1700万左右　　　　◁ 典型气候　温带海洋性气候
◁ 国家首都　阿姆斯特丹 Amsterdam　◁ 语　言　荷兰语

欧洲国家地理

荷兰

1. 低地之国

荷兰位于欧洲西北部，东接德国，西、北濒临北海，南与比利时接壤。处于莱茵河、马斯河、斯海尔德河的交汇处，是德国莱茵河流域、比利时东部及法国北部的出海口。

荷兰地貌的主要特征是地势低平，是世界上著名的低地之国，大部分是低洼平原，全国约有27%的土地低于海平面，最低处比海平面低6至7米。全境有1/3的土地仅高出海平面1米，却集中了全部人口的60%以上。境内东南角地势较高，但平均海拔不到200米，海拔在50米以上的地区不到20%。国土面积的48%是沙地。由于地势低平，荷兰历史上水患频繁。13世纪荷兰人民开始修筑堤坝，围海造田，增加土地面积约60万公顷，取得了世人瞩目的成就。

2. "北欧威尼斯"

阿姆斯特丹：阿姆斯特丹共有160多条大小水道，由1000余座桥梁相连。漫游城中，桥梁交错，河渠纵横，既古老又典雅。

荷兰首都阿姆斯特丹是该国的第一大城市，位于斯海尔德河西南岸阿姆斯特河畔，也是荷兰的经济、文化中心。市内有50多条运河，纵横交错，状似蛛网，颇有层次地环绕着城市。河上有大小桥梁600多座，连接着每一条街道。市区运河、道路多而不乱，层次分明，船只可以在市内运河中自由航行到市区的任何地方，素有"北方威尼斯"之称。市内有许多200年前建造的古老建筑，一律是朱红色的墙和绿色三角形的屋顶；城市近郊，草原连片，牛群散牧，一派田园风光，富有民族特色。郁金香花园、花市、花蕊拍卖市场遍布阿姆斯特丹全市。

3. 世界第一港：鹿特丹

鹿特丹是荷兰第二大城市，位于荷兰西南部莱茵河和马斯河河口，它是荷兰最大的工业城市和重要的海、陆、空交通枢纽，也是商业和金融中心，被誉为"欧洲最现代化的城市"。它还是欧洲最大的炼油基地，世界三大炼油中心之一。

鹿特丹处于世界上最繁忙的两大运输线——大西洋海上运输线和莱茵河水系运输线的交接口上，兼有海港与河港的特点，是世界第一大港，它的货物吞吐量最大，居世界首位。它也是高度现代化的大港。港地专业化分工很严密，指挥全部微机化，是一个典型的港城一体化的国际性城市。

■ 4. 美丽的村庄：海牙

海牙是荷兰第三大城市，位于西南海岸，被称为"欧洲最大、最美的村子"，它没有高楼大厦，没有地铁，保持着古色古香的建筑风格。海牙最具有历史意义的建筑是国家独立纪念碑。最让人感觉到现代化气息的是世界最大的石油公司——壳牌石油公司的总部。最具有国际性的地方是和平宫，它是国际法庭和国际仲裁法庭的所在地，也是海牙最壮观的建筑物。

■ 5. "海上马车夫"

荷兰的资产阶级革命为荷兰在17世纪成为典型的资本主义国家开辟了道路。独立后的荷兰，造船业处于领先地位。荷兰人远航到世界各地，运销各国商品，势力开始渗入西班牙和葡萄牙的殖民地。17世纪，荷兰商船在世界各地建立贸易点。荷兰拥有东印度公司和西印度公司，成为海上的殖民强国，被人称为"海上马车夫"。

■ 6. 欧洲花园

荷兰是西欧主要的旅游国家之一，被称为"欧洲花园"。古老的风车、精巧的木金香和悠然自得的奶牛，构成风景画。它置、四通八处旅游休越的地理位运河、鲜达的交通、近20物馆等假区和旧城、花种植区、博主要观光点，吸引了世界各地的游客。

了凡·高笔下的优越的地理位达的交通、近20假区和旧城、花种植区、博主要观光点，吸引了世界各地的游客。

■ 7. 国花郁金香

荷兰是世界上最大的花卉出口国，有"西欧花匠"、"鲜花之国"的美誉，由于海陆空交通运输较发达，早市出售的鲜花下午就能运到比利时、卢森堡、德国的鲜花市场上。花卉品种则以郁金香为主。第二次世界大战期间，有一年的冬季荷兰闹饥荒，很多饥民便以郁金香的球状根茎为食，靠郁金香维持了性命。荷兰人感念郁金香的救命之恩，便将郁金香作为国花。

郁金香是荷兰的国花。每年最接近5月15日的星期三是荷兰的郁金香节。

■ 8. 花节与"郁金香女王"

每年4月的最后一个星期六是荷兰一年一度的花节。这一天要举行盛大的花车游行。人们用鲜花组成各种美丽的图案装饰花车，在乐队的伴奏下浩浩荡荡地开过集市。

和平宫是荷兰的著名建筑，位于海牙市郊，是国际法院、国际法图书馆和国际法学院所在地。

荷兰风车：荷兰人对风车情有独钟，在民歌和谚语中常常赞美风车。风车也总是被尽量打扮得漂漂亮亮的。每逢盛大节日，还要给风车围上花环。

荷兰人民把最接近5月15日的星期三定为郁金香节。这一天，人们用五颜六色的鲜花装饰成各种形状的花车，头戴花环，挥舞花束，簇拥着"郁金香女王"穿街过市，形成一条艳丽的人流。

9. 风车之国

荷兰素有"风车之国"的美誉。早在500多年前，荷兰就已经开始使用风车。最初，风车仅用于磨粉之用。由于荷兰地势低洼，后来人们就用风车带动排水工具排出海水，围海造田。

作为风力发动机，风车不仅在荷兰人民围海造陆的艰巨工程中发挥了巨大的作用，也极大地推动了荷兰整个工业的发展。为此，荷兰把每年5月的第二个星期六规定为"风车日"。每到这天，全国的风车都挂上国旗并装饰上花环一起开动，向人们展示风车的风采。

10. 菲利浦电气公司

荷兰的电气电子工业比较发达，特别是二战后发展迅速，其产品销往世界几十个国家和地区，主要产品有各种高、精、尖电子元件、照明设备等家用电器。菲利浦电气公司是荷兰最大的电气公司，它在1891年由杰拉德·菲力浦（Gerard Philips）先生创立，最初是一家"生产白炽灯泡和其他电气产品"的小公司，20世纪初成为欧洲最大的电气生产商。它的电气电子产品享誉世界，经营60多种业务，涵盖从消费电子到家庭小电器，从安全系统到半导体等各业务领域。在彩色电视、照明、电动剃须刀、医疗诊断影像、病人监护仪等领域世界领先。

11. 疯狂的天才凡·高

凡·高是后期印象画派的代表人物，也是19世纪最杰出的画家。他出生于荷兰南部夫洛特仁德尔特，很小的时候就立志要成为一名画家。在他的早期作品中，因同情矿工的贫困生活，所以大多描绘工人和农村的生活，表现抑郁情调，爱用荷兰传统画的褐色调。

凡·高名作《向日葵》：凡·高以强视觉刺激和粗大的笔触使整个画面具有强烈的紧张的动感，他的激情与表现技巧和谐地统一在一起，使人观后心灵为之震颤，激情喷薄而出。

1886年凡·高来到了法国巴黎，受印象派和日本浮世绘的影响，先用点彩画法，后用印象派的明快色调，以跃动的线条、凸起的色块表达画家的主观感受和激情。他天性中火一般的热情使他抛弃了荷兰画派的暗淡和沉寂，也使他迅速远离印象派——印象派对外部世界瞬间真实性的追求与他充满主体意识的精神状态相去甚远。他不是以线条，而是以环境来抓住对象。他重新改变现实，以达到实在的真实，促成了表现主义的诞生。在完成了不朽的7幅《向日葵》后，他选择了自杀。

◉ 国名全称　挪威王国　　　◉ 国土面积　约39万平方千米　　◉ 主要城市　奥斯陆、卑尔根
　　　　　　The Kingdom of Norway　　◉ 人口数量　475万　　　　　◉ 典型气候　温带大陆性气候、温带海
◉ 国家首都　奥斯陆 Oslo　　　◉ 语　言　官方语言为挪威语　　　　　　　洋性气候和极地气候

挪威

■ 1. "通往北方之路"

挪威位于斯堪的纳维亚半岛的西部和北部。东与瑞典交界，东北与芬兰和俄罗斯接壤，北临巴伦支海，西濒挪威海，南隔北海、斯卡格拉克海峡与丹麦相望，其所属的斯瓦巴德群岛、扬马延岛等正好位于大西洋通往北冰洋的交通要道上，地理位置非常重要。挪威国名意为"通往北方之路"，表明其地理位置的重要性。

挪威地形特点是南北狭长，从西南角到东北端长达1750千米，森林覆盖面积占国土总面积的四分之一，是一个以山地为主的国家，斯堪的纳维亚山脉纵贯全境，最高峰格利特廷山，海拔2470米。

卑尔根：卑尔根是挪威的非正式首都，也是挪威对外的大门。2000年，卑尔根获选为"欧洲文化之都"。

■ 2. 首都奥斯陆

奥斯陆位于东南海岸奥斯陆峡湾北侧小丘上。900多年前，这里只不过是一个不到3000人的小商埠，时至今日已跻身于世界10大首都的行列。全城453平方千米的土地上，人工建筑面积仅有155平方千米，其他地区均是林木郁郁葱葱的丘陵和星罗棋布的湖泊。

挪威名胜奥尔内斯木板教堂

奥斯陆是全国政治、经济、文化、交通中心和主要海港。全国进口商品的一半以上是经奥斯陆转运的。它也是全国最大的工业中心。世界著名的"诺贝尔和平奖"授奖仪式每年12月10日在奥斯陆大学举行。奥斯陆还是世界裘皮加工、出口中心之一，被誉为"裘皮之都"。

■ 3. 地球最北端的城市

朗伊尔城坐落在挪威斯瓦尔巴群岛的中西部，位于北纬78度，距北极点仅1300千米，再往北就没有常住居民了。这里全年平均气温零下7摄氏度，90%的面积覆盖着冰川，一年中有116天是极夜。

因为挪威有一股暖流从群岛的西岸流过，带来的热量大大提高了沿岸的气温，使朗伊尔比同纬度地区要暖和得多。每年6至8月，朗伊尔濒海湾气温可达4摄氏度，浮冰消融，轮船自由进出，运来食品、日用品，运出煤炭、云母、石棉和裘皮。为此，朗伊尔有"世界最北海港"之称。夏季，朗伊尔有100多天极昼，山城熙熙攘攘，挤满来看极地奇观的南方游客。而冬季来临时，大部分人们开始离去，只剩下千余名常住居民坚持在这里生活和生产。

■ 4. 山城卑尔根

卑尔根位于高山与峡湾之间，濒临大西洋。在挪威语中，卑尔根是"山城"的意思，

有7座高山散落在城市周围，故有"七山之城"的美称。城内有圆石铺成的小巷，有中世纪的古老木屋和码头区、露天鱼市场等，富有海滨大城市旖旎而古朴的魅力。

卑尔根又是挪威西岸的经济中心，也是挪威西部地区的文化和教育中心，市内有卑尔根大学。位于市区的西挪威实用艺术博物馆藏品极佳。

■ 5. "峡湾之国"

挪威三面临海，海岸线漫长曲折，总长度达2.1万千米。沿岸多天然良港。那里的峡湾很多，从北部的瓦朗厄尔峡湾到南部的奥斯陆峡湾，峡湾连绵不断，且大多狭长，水深，因此挪威获得了"峡湾国家"的称呼。

峡湾是指伸入沿海内陆的狭长海域，是渔船的天然避风港。挪威境内还有很多冰川槽谷，在海水日积月累的侵蚀之下，形成了狭长而曲折的海湾。峡湾两岸多断崖绝壁，地势十分险要。

■ 6. 渔业王国

挪威最大的资源是海洋。国土从北而南濒临巴伦支海、挪威海和北海。虽然有三分之一的领土深入北极圈内，但是受墨西哥暖流的影响，近海宽广的大陆架上有冷暖流交汇，适合

浮游生物的生存，为鱼群生长提供了良好的条件。因此，挪威渔业资源丰富，有世界上有名的大渔场。渔业一直是挪威主要的传统经济部门，全国约有一半居民与渔业有关。它有大小渔轮2万多艘，海水养殖场上千个，鱼的人均占有量居世界第一，是著名的"渔业王国"。

■ 7. 挪威的佳肴

挪威居民长年把鱼类作为基本食物。挪威人吃鱼的烹调方法很简单，要么腌制，要么炖汤。挪威最北端的鱼汤、鳕鱼舌头和鲽鱼脑浆，恐怕要算世界上稀有的美味佳肴了。

挪威人多喜欢吃海鲜、肉肠、熏鱼、酸菜及各种乳制品。马铃薯于18世纪传入挪威，并成为挪威人的主食。

挪威风光：挪威是世界重要的海事国之一，其海岸线曲折蜿蜒，近海岛屿达15万多个，既是优良港口，又是风景优美的游览区。

国名全称	波兰共和国 The Republic of Poland	国土面积	约31.26万平方千米	主要城市	华沙、克拉科夫
国家首都	华沙 Warsaw	人口数量	4000万左右	典型气候	温带大陆性气候
		语　言	波兰语为官方语言		

波兰

■ 1. 平原之国

　　波兰位于中欧东北部，东面同俄罗斯、立陶宛、白俄罗斯、乌克兰4国接壤，西邻德国，南接捷克、斯洛伐克，北濒波罗的海。全境地处西欧与东欧、北欧与南欧交通要冲，地理位置十分重要。

　　波兰地势南高北低，中部下凹，大部分为低地和平原。平均海拔173米，72%的国土在海拔200米以下。全国地形可分为沿海区、滨湖区、中波兰低地、山麓高原区、北喀尔巴阡盆地地区和喀尔巴阡山区等6个纬度地貌带。北部和中部低地为平原区，占全国总面积的75%。

■ 2. "美人鱼之都"华沙

克拉科夫是波兰第三大城市，波兰的故都，现为波兰水陆交通枢纽、工业中心。

华沙：传说一对叫华尔西和沙娃的男女恋人，勇敢地抗争国王的阻挠，最后终于结成夫妻。人们对这对青年恋人的勇敢精神十分敬佩，便以他们的名字命名这座城市，后来简称为华沙。

　　首都华沙位于波兰中部平原，面积近500平方千米，居民约170万人。华沙享有"世界绿都"的美称，它有120平方千米的绿化地，人均绿化面积为77.7平方米，绿化程度世界第一。今天的华沙保持着老城和新城分立的布局。各种历史纪念物、名胜古迹大都集中在老城区。在新城区，现代化的高楼大厦比比皆是。

　　在波兰首都华沙维斯瓦河西岸，矗立着一座人身鱼尾的青铜雕塑，这就是华沙的象征——华沙美人鱼。华沙第一个美人鱼铜像建于1855年，位于华沙古城

哥白尼（1473~1543年），波兰天文学家，近代天文学的奠基人。哥白尼经过长期的天文观测和研究，创立了更为科学的宇宙结构体系理论——日心说，从此否定了在西方统治达1000多年的地心说。

>>>>>>>>>>>>>>>>>>>
欧洲国家地理

市场中心。目前耸立在维斯瓦河畔的美人鱼铜像，比第一个铜像大得多，姿态也更加优美。它是由波兰著名女雕塑家卢德维卡·尼特斯霍娃于1934年以波兰女英雄什塔海尔斯卡为原型创作的。希特勒德国侵占波兰期间，美人鱼铜像悄然失踪，直到波兰解放后才重新出现。原来，在德国法西斯军队入侵前，人们把这座铜像拆卸掩埋，精心保护起来了。

美人鱼像：美人鱼的上身是端庄文静而又英俊无畏的美丽少女，象征了波兰民族坚贞不屈的性格。

■ 3. "天堂"溶洞

在距华沙187千米的凯尔采省凯尔采市郊区有一个名为天堂的溶洞。它位于波兰中部风景旖旎的圣十字山脉西南的马里克山中，是一个典型的喀斯特溶洞。溶洞长240米，洞内湿度很高，达100%。洞顶保留着明显的地质构造裂缝，证明这里存在过喀斯特河流地下径流。溶洞中钟乳石分布的面积很大，而且很集中。平整光滑得如同水泥版的地面上堆积着千姿百态的大小石块，到处都是闪闪发亮的钟乳石。

■ 4. 文化名城克拉科夫

克拉科夫位于波兰南部维斯瓦河上游左岸，是波兰中世纪古城，也是一座文化名城，现为仅次于华沙和罗兹的波兰第三大城市。

克拉科夫是在700年建立的。奥地利统治时期，在波兰被瓜分的土地上，克拉科夫成为波兰民族文化的重要中心。二战后，克拉科夫市逐步发展成为波兰重要的工业中心和

交通枢纽。这座城市的建筑由几个样式各异的集群组成：瓦维尔宫、古城、由住宅区包围的卡齐米日和建立于19世纪的工业区。

目前，克拉科夫市是除华沙以外波兰最大的科学和文化中心。全市有12所高等院校，其中有建于1364年欧洲最古老的大学之一——雅盖隆大学，伟大的天文学家哥白尼就是这所大学培养出来的。位于市区的雅盖隆图书馆是欧洲最古老的图书馆之一。

■ 5. 波兰人的姓名

波兰人多数是单姓单名，少数人是双姓单名。波兰人的许多姓与职业有关，从他们的姓可以猜出其祖先所从事过的工作。如"科瓦尔"，波兰语的词意为铁匠，后来在这个词后面加个词尾"斯基"变为姓；"库希涅石"，波兰语的本来意思是皮匠；"热普卡"意为萝卜；"卡市斯塔"意为白菜。今天，这些姓已失去了词的原意。

■ 6. 名果穗醋栗

波兰天气寒冷，冬日漫长，水果蔬菜品种不多，但波兰人并不感到维生素C摄入不足，奥秘之一就是波兰人喜食穗醋栗。穗醋栗俗称"黑豆"，属虎耳草科落叶小灌木，耐寒不耐热，适宜在北方寒冷地区栽培。穗醋栗中含有糖、苹果酸、柠檬酸、维生素C等，其中维生素C含量之高，居各种水果前列，波兰人特别喜爱这种水果及其制成的饮料。

穗醋栗：穗醋栗株高1至2米，枝上无刺，叶3至5裂或全缘，叶背有腺点。浆果黑色，为黑色穗醋栗栽培品种的原始种。

◁ 国名全称　葡萄牙共和国　　　　　◁ 国土面积　约9.2万平方千米　　　　◁ 主要城市　里斯本、波尔图
　　　　　　The Republic of Portugal　◁ 人口数量　1050万左右　　　　　　◁ 典型气候　温带海洋性气候、地中海气候
◁ 国家首都　里斯本 Lisbon　　　　　◁ 语　　言　葡萄牙语

葡萄牙

1. 长方形的国家

葡萄牙位于欧洲西南部，伊比利亚半岛的西南角，东部和北部与西班牙接壤，西部和南部濒临大西洋，是一块南北长、东西窄的近似长方形地带，另有位于大西洋中的亚速尔群岛和马德拉群岛。它北通西欧、北欧，南通南美、非洲及好望角，以至海湾产油区和远东。处于英吉利海峡、北海、波罗的海与地中海之间的海路要道上，地理位置十分重要。葡萄牙地形以平原为主，地势由东北向西南倾斜。

2. 首都里斯本

首都里斯本是葡萄牙的政治、经济、文化中心，坐落在由7个小山丘组成的月牙形地段上，历史上曾先后被迦太基、腓尼基、希腊、罗马人和摩尔人占领。"欧洲最漂亮的广场之一"的商业广场，朝向宽阔的特茹河，伴有长廊的宫廷建筑井然有序地坐落在广场三面。与商业广场纵向并行相连的有3条大街，是里斯本最古老的闹市区之一，也是当今最繁华的商业中心。

波尔图酒窖：波尔图的葡萄酒誉满全球，波尔图也因此被称为"酒都"，此地的酒窖、酒厂广泛分布在杜罗河两岸。

里斯本多为低层建筑，因为它位于地中海——南亚地震带。1755年这里曾发生大地震，城市几乎全部被毁，现在的里斯本多是震后重建

贝伦塔：
贝伦塔是世界文化遗产之一，不仅是见证葡萄牙曾经辉煌的历史遗迹，也是里斯本最上游客镜头的一个风景点。

的。里斯本有化学、石油、纺织等工业部门，造船工业世界驰名。

3. "葡萄酒窖"波尔图

波尔图是葡萄牙第二大城和重要海港，位于葡萄牙西北部的杜罗河口北岸。

波尔图的葡萄久负盛名，这一带产的葡萄个大肉嫩，鲜美多汁。波尔图的酿酒业有几百年的历史，全市有十几家酒厂，酿造的葡萄酒远销世界各地。

波尔图被称为"葡萄酒窖"，其主要标志是坐落在杜罗河畔绵延数里的巨大酒窖和河中的"酒船"。在葡萄牙和英国等一些欧洲国家，家中存有波尔图葡萄酒是社会身份的标志之一。

4. 欧洲的"天涯海角"

罗卡角位于欧洲大陆的最西点，是伸入大西洋中的一个狂风席卷的海角。在人们还不知道地球形状的古代，这里理所当然地被看成是天涯海角，故又有"欧洲之角"之称。

罗卡角形似一个鸡头，伸进波涛汹涌的大西洋，崖高壁陡，风急浪高，四周是茫茫荒野

和光秃秃的岩石。而圣文森特角位于阿尔加雅西南角海岸，是葡萄牙西南的一个海岬，也是欧洲大陆的最西南处，有"天涯海角"之称。

■ 5. 软木王国

葡萄牙的森林资源比较丰富，森林面积360万公顷，占国土面积的三分之一。由于有适宜的气候和土壤，葡萄牙盛产一种经济价值很高的树——栓皮栎。这种树的皮俗称"软木"，除了可以做瓶塞，还可用于电器绝缘、救生用具、冷藏防湿，乃至宇宙飞船外壳的保护层等。葡萄牙的软木产量占世界总产量的半数以上，出口占世界第一位，故有"软木王国"之称。

罗卡角是葡萄牙境内一个毗邻大西洋的海岬，它处于该国的最西端，也是整个欧亚大陆的最西点。

■ 6. 惊心动魄的斗牛

提起斗牛，人们首先会想到西班牙。其实，斗牛是伊比利亚半岛上葡、西两国人民共同喜爱的活动，但斗法不同，各有千秋。西班牙斗牛，徒步进行，把牛当场杀死；葡萄牙斗牛，骑马进行，不在场上将牛杀死，斗牛士将牛按倒在地即告胜利。葡萄牙斗牛还有迎面险抱牛头、把牛制服在地的场面，惊心动魄，举世无双。

葡萄牙还有一种群众性的斗牛活动。每年6至8月，在不同的地方，人们把牛引到大街上，任其乱跑乱撞。成千上万的人在街上。人追牛，牛追人，撞翻了水果摊子，有时也踩伤人。那情景惊心动魄。

路易一世拱桥：杜罗河是葡萄牙境内最大的水系，可全程通航，是葡萄牙北部河运交通的主干道。河上最著名的桥是路易一世拱桥，全长352.8米，横跨于杜罗河上，极为壮观。

■ 7. 奇特的节日

在葡萄牙，人们从元旦第一天的天气看一年的年景。他们认为刮南风意味着新的一年风调雨顺；刮西风则是个捕鱼和挤奶的好年景；刮东风可以水果丰收。葡萄牙人还从新年前12天的天气看12个月的气候：1月1日决定1月份的气候，1月2日的天气决定2月份的气候……然后依此类推。在仲夏时节，葡萄牙各城市都要过"城市节"，里斯本是6月20日前后过这个节日。节日的晚上，居民倾城出动，到午夜时分，节日方酣，游兴方浓，届时礼炮齐鸣，爆竹阵阵，歌声四起，狂欢一直持续到第二天的黎明。

◁ 国名全称　罗马尼亚共和国·　　◁ 国土面积　约23.75万平方千米　　◁ 主要城市　布加勒斯特、康斯坦察
　　　　　　The Republic of Romania　◁ 人口数量　2260万左右　　　　　◁ 典型气候　温带大陆性气候、地中海气候
◁ 国家首都　布加勒斯特 Bucharest　　◁ 语　　言　官方语言为罗马尼亚语，民间语言为匈牙利语

罗马尼亚

■ 1. 地形多变的国家

　　罗马尼亚位于欧洲东南部、多瑙河下游、巴尔干半岛北端。东北部与乌克兰、摩尔多瓦接壤，西北与匈牙利为邻，南依保加利亚，东南临黑海。其地形奇特多样，境内平原、山地、丘陵各占国土面积约三分之一。喀尔巴阡山脉以半环形盘踞中部，山脉以西为特兰西瓦尼亚高原，以东为摩尔多瓦丘陵，以南为瓦拉几亚平原，东南为多布罗加丘陵。全国最高峰摩尔达维亚努峰的海拔为2543米。

■ 2. "欧洲绿都"

　　布加勒斯特在罗马尼亚语中的发音是"布库尔什蒂"，意为"欢乐之城"。相传在13世纪，有一个名叫布库尔的牧羊人从边远山区赶着羊群来到登博维察河边，发现这里水草肥美，气候温和，因而定居下来。此后，这块定居地逐渐发展成为城镇。

　　布加勒斯特是一座历史悠久的古城，见诸于历史文献已有500多年。早在1459年罗马尼

亚大公国时期，布加勒斯特就是一座要塞。1659年，布加勒斯特成为瓦拉几亚公国的首府，从1862年起成为罗马尼亚的首都。

　　布加勒斯特位于国家东部的瓦拉几亚平原中心、多瑙河支流登博维察河的河畔。它包括6个市区和一个农业区，被登博维察河分为两部分。清澈的河水穿过市区，12个湖泊宛若一串珍珠撒落其间，整座城市都掩映在郁郁葱葱的丛林之中，使布加勒斯特得到了"欧洲绿都"的称誉。

罗马尼亚小凯旋门是由著名建筑师彼特·安东尼斯库于1922年为纪念在第一次世界大战中英勇奋战的罗马尼亚士兵而建造。该建筑仿照法国的凯旋门而建造，因此罗马尼亚一度有"小法国"之称。

■ 3. 三大国宝

　　罗马尼亚人把蓝色的多瑙河、壮丽的喀尔巴阡山和绚丽多姿的黑海称为罗马尼亚的三大国宝：多瑙河流经罗马尼亚境内1075千米，其国土上大小数百条河川多与多瑙河汇流，形成"百川汇多瑙"的水系，为该国的电力和渔业等提供了丰富的资源；而喀尔巴阡山素有"罗马尼亚脊梁"之称，那里幽林茂密，是绿色宝库，地下还蕴藏有丰富的煤、铁和黄金等矿产；黑海在罗马尼亚东侧，景色秀美的黑海海滩是著名的旅游胜地，附近有许多疗养点，比如海王星、玛玛亚、北埃福里亚和姆尔法特拉葡萄种植场等。

喀尔巴阡山：罗马尼亚境内有三分之一的国土被喀尔巴阡山所占据，这里幽林茂密，山间峡谷纵横，风景如画，素有"森林公园"的美誉。

◁ 国名全称　俄罗斯联邦　　◁ 国土面积　约1707.5万平方千米　◁ 主要城市　莫斯科、圣彼得堡
　　　　　　Russian Federation　◁ 人口数量　1.5亿左右　　　　◁ 典型气候　温带大陆性气候、极地气候
◁ 国家首都　莫斯科 Moscow　◁ 语　言　官方语言是俄语

❦ 俄罗斯

■ 1. 最大的国家

俄罗斯位于欧亚大陆的北部，领土包括欧洲的东部及亚洲的北部，地跨11个时区，是世界上国土最辽阔的国家。俄罗斯自北向南分布着下列自然带：北极荒漠、

圣瓦西里大教堂又称波克洛夫大教堂，是为庆祝俄罗斯摆脱蒙古人统治而建造的。该教堂呈现出俄罗斯传统的木刻建筑风格，给人以童话世界般的想象。

苔原、森林苔原、森林、森林草原、草原、半荒漠、荒漠和亚热带。俄罗斯与14个国家接壤，海岸线长达3.38万千米。其地形多种多样，以平原类地形为主。叶尼塞河将俄罗斯的国土分为几乎相等的东、西两部分。叶尼塞河以西主要是平原和低地，以东多为高原和山地。

■ 2. 古都莫斯科

俄罗斯联邦的首都，位于东欧平原中部，是全国政治、经济、科学文化和交通中心。莫斯科的布局是以克里姆林宫为中心，一环一环地向四周辐射伸展。全市分为8个规划区，每区约100万人。花园环行路以内的中央区是全市行政和文化中心，集中了各种机关、名胜古迹、博物馆、剧场等。其余各规划区也各有特色：北区是展览和体育中心，东区是森林区，南区是新住宅区，西南区是科学城。全市有大小街道4000多条，高尔基大街是主干大道，也是市区最繁华的地方。

莫斯科是全国最大的工业中心，工业总产值居全国之首。许多科研机构和近百所高校也设在这里。莫斯科有"绿色都市"之称，全市绿化面积达340平方千米，约占莫斯科面积的40%。

■ 3. 克里姆林宫

克里姆林宫坐落在莫斯科涅格林纳河和莫斯科河汇合处的鲍罗维茨丘陵上，由许多高大华丽的教堂、宫殿和多层塔楼组成，气势轩昂，体现了俄罗斯历代建筑艺术的精华，是世界上最杰出的古建筑群之一。81米高的伊凡大钟楼是克里姆林宫中的最高建筑物。乌棱宫是克里姆林宫中最古老的宫殿之一，它在克里姆林宫的宫殿建筑中最具特色，沙皇宝座即设置于此。

克里姆林宫曾是历代沙皇的宫殿。十月革命以后成为苏联党政机关所在地。宫外的广场即著名的红场，广场上的圣瓦西里大教堂是俄罗斯国家权力的象征。

■ 4. 圣彼得堡

俄罗斯第二大城市，位于波罗的海芬兰湾东岸、涅瓦河河口，两岸都建有花岗石的堤岸，另有支流及运河纵横交错。有大小岛屿100多个，300多座桥梁横跨河面。

圣彼得堡历史上几经改名。1703年彼得一世下令兴建，自1713年起的200余年内它一直是俄罗

克里姆林宫：克里姆林宫大致呈三角形，宫墙全长2235米，高5至19米不等，厚3.5至6.5米，共4座城门和19个尖耸的楼塔，被誉为"世界第八奇景"。

2.

列夫·托尔斯泰（1828～1910年），19世纪伟大的批判现实主义作家的杰出代表，俄国最伟大的作家，被公认为全世界文学的泰斗。其代表作有《战争与和平》、《复活》、《安娜·卡列尼娜》等。

斯帝国的首都，称做圣彼得堡。1914年改称彼得格勒。1924年为纪念列宁而更名为列宁格勒。二战中，德国法西斯军队围攻该城长达900天，未能攻陷。1991年又恢复原名为圣彼得堡。

圣彼得堡是一座综合性工业城市，在俄罗斯经济中占有重要地位。这里的重型机器、精密仪器制造业十分发达，产品驰名世界。造船业和海洋运输业久负盛名。军事工业特别发

普希金（1799～1837年），俄国伟大的诗人、小说家，被誉为"俄国文学之父"、"俄国诗歌的太阳"。他创立了俄罗斯民族文学和文学语言，在诗歌、小说、戏剧乃至童话等文学各个领域都给俄罗斯文学提供了典范。

达，能生产导弹巡洋舰、核动力破冰船等。

圣彼得堡历来为军事重镇，西北30千米处的喀琅施塔得要塞是苏联波罗的海舰队的基地。

■5. "西伯利亚的明眸"

贝加尔湖是俄罗斯面积最大的湖，也是世界上最深和淡水蓄量最大的湖。它容纳了地球全部河湖淡水的五分之一，相当于北美洲五大湖的总水量。

贝加尔湖位于东西伯利亚南部，湖水清澈透明，含杂质极少，透明度达40.5米，享有"西伯利亚明眸"的美称。

贝加尔湖渔产丰富，素以"富湖"著称。湖中生息着1800多种水生动物，其中1200多种为该湖的特有品种，如凹目白鲑、奥木尔鱼等。湖中还栖息着海洋动物——贝加尔海豹。贝加尔湖远离海洋几千千米，而生活在北冰洋海域的海豹何以来到该湖定居，至今仍是一个科学家没有解开的谜。

■6. "生命之水"伏特加

伏特加是俄罗斯的国酒。根据传说，伏特加最早为15世纪晚期克里姆林宫楚多夫修道院里的修道士所酿。起先，修道士们酿酒所用的酒精要从热那亚进口，后来便逐渐开始采用本地的黑麦、小麦和绵软的山泉水生产出酒精。

现在的伏特加是以多种谷物（马铃薯、玉米）为原料，用重复蒸馏、精炼过滤的方法，除去酒精中所含毒素和其他异物的一种纯净的高酒精浓度的饮料，酒精度在40至50度之间。伏特加酒液透明，口味凶烈，劲大冲鼻，火一般地刺激。

俄罗斯人好酒，尤其是男人，在俄罗斯长住的外国人把伏特加酒形象地比喻成俄罗斯男人的"第一妻子"。

■7. 热闹的狂欢节

狂欢节又名"谢肉节"，是一年中最热闹的节日之一。

节日时间是在复活节的第八周，共7天，

伏特加：伏特加酒以谷物或马铃薯为原料，经过多道加工程序，酒质晶莹澄澈，清淡爽口，口感不甜、不苦、不涩，只有烈焰般的刺激，形成伏特加酒独具一格的特色。

>>>>>>>>>>>>>>>>
欧洲国家地理

每一天都有不同名称。第一天为迎节日，第二天为始欢日，第三天为大宴狂欢日，第四天为拳赛日，第五天为岳母晚会日，第六天为小姑子聚会日，第七天为送别日。节后第七周内是斋期，不杀生，不吃荤。人们在谢肉节期间举行各种欢宴娱乐，跳假面舞、做游戏等。

■ 8. "俄国文学的鼻祖" 普希金

亚历山大·谢尔盖耶维奇·普希金（1799~1837年）是19世纪俄罗斯最伟大的诗人，也是俄罗斯文学的鼻祖，被称为"俄罗斯诗歌的太阳"。

他出身于贵族家庭，政治抒情诗《自由颂》和《致恰达耶夫》是他早期的纲领性之作。叙事长诗《高加索的囚徒》和《茨冈》表现了诗人对贵族社会传统道德和生活方式的失望。而普希金于1830年完成的诗体长篇小说《叶甫盖尼·奥涅金》，被别林斯基誉为"俄国生活的百科全书"。他用积极的社会内容丰富了浪漫主义文学，克服了消极浪漫主义的不足，继承并发展了俄罗斯文学的革命启蒙传统。

此外，普希金对诗歌题材、体裁的开拓和对语言的革新，为俄国浪漫主义文学以至整个俄国文学的发展繁荣做出了巨大贡献。

■ 9. "天鹅湖之父" 柴可夫斯基

彼得·伊里奇·柴可夫斯基（1840~1893年）是俄罗斯浪漫派作曲家，也是俄罗斯历史上最伟大的作曲家，是以悲歌为基调的伟大音乐家。

他的作品以深刻的民主精神和鲜明的民族特色见长。他的抒情歌剧《叶甫盖尼·奥涅金》、《黑桃皇后》，芭蕾舞曲《天鹅湖》、《睡美人》和《胡桃夹子》提升了音乐在舞剧中的作用。他所创作的交响乐曲调优美，为俄国交响乐派赢得了世界声誉，其代表作《第六交响曲》（也称《悲怆》），表达了作者晚年的矛盾、阴郁心情。

除此之外，还有《D大调小提琴协奏曲》、《降b小调第一钢琴协奏曲》等作品都是难得的佳作。

伏尔加河：伏尔加河是俄罗斯人民的母亲河。千百年来，伏尔加河水滋润着沿岸数百万公顷肥沃的土地，养育着数千万俄罗斯各族儿女。伏尔加河的中北部是俄罗斯民族的发祥地。

◁ 国名全称　西班牙
　　　　　　Spain
◁ 国家首都　马德里 Madrid

◁ 国土面积　约51万平方千米
◁ 人口数量　4000万左右
◁ 语　言　西班牙语

◁ 主要城市　马德里、巴塞罗那
◁ 典型气候　温带大陆性气候、温带
　　　　　　海洋性气候和地中海气候

西班牙

■ 1. 欧洲西南的"熟牛皮"

西班牙位于南欧三大半岛中最西边的伊比利亚半岛，地中海和大西洋从东西两边将它紧紧环抱。陆地上与西班牙相连的国家只有北部的法国和安道尔以及西部的葡萄牙。西班牙的领土除了本土之外，还包括地中海上的巴利阿里群岛和非洲西北部的加那利群岛。

西班牙是欧洲的高山国家之一，地貌以山地和高原为主。西北部的崇山峻岭直插大西洋，形成一连串景色秀丽的海湾。东南部地中海沿岸却比较平缓，拥有2000多个海滩，大多风景优美、气候宜人。

■ 2. 古都马德里

西班牙的首都马德里位于伊比利亚半岛中心，坐落在梅塞塔高原上，海拔670米，是欧洲地势最高的首都。

马德里是一座具有古老文化和悠久历史的城市。市内历史遗址举目皆是，风格各异的大小凯旋门多达1000座，著名的宫殿、博物馆等鳞次栉比。坐落在市区的东方之宫，始建于1738年，前后历时26年完成，其建筑之宏伟，超过英国的白金汉宫，可与法国的凡尔赛宫相媲美。

马德里市区有300多个广场，广场中央大都是塑像、钟楼，下面是喷泉、花圃，广场周围保留着历史建筑和充满现代化气息的商店。西班牙广场被视为马德里的象征，中央屹立着作家塞万提斯的纪念碑。宾达斯斗牛场是西班牙最大的斗牛场，可容纳2.5万名观众。

西班牙斗牛表演壮观刺激，极富有观赏性。

东方之宫：东方之宫是西班牙现存最完整、最精美的宫殿之一。呈方形，边长大约150米，具有典型的法国风格。不仅外部雄伟壮观，内部也十分精美豪华，遂成为西班牙旅游业的一颗明珠。

■ 3. 圣地托莱多

托莱多是西班牙一座奇特的古城，坐落在马德里西南71千米处的一个山丘上。塔霍河逶迤流经古城的东、南、西三面，河水湍急，形成天然屏障。城北建有两道城墙，地理位置险要。

这座古城有2000多年的历史和文化，古代曾是西班牙的政治、经济、文化中心。托莱多的突出之

达利名作《记忆的永恒》：油画《记忆的永恒》作于1931年，达利运用他那熟练的技巧精心刻画那些离奇的形象和细节，创造了一种引起幻觉的真实感，典型地体现了达利早期的超现实主义画风。

处在于它的多元文化，城市的太阳门是典型的阿拉伯建筑，城东的托莱多大教堂是欧洲最负盛名的天主教堂之一，特朗西托犹太教堂是犹太教圣地。三大宗教在托莱多都留有圣迹。

■ 4. "欧洲之花"巴塞罗那

巴塞罗那位居西班牙的东北部，是加泰罗尼亚地区的首府、西班牙第二大城市，也是有名的历史古城，被誉为"欧洲之花"，大文学家塞万提斯则称它为"世界上最美丽的城市"。

巴塞罗那港区附近的狭窄街巷内，有许多13至15世纪的建筑，具有浓郁的哥特式风味，所以这里也被称做"哥特区"。哥特式天主教大教堂矗立在老城中央，殿堂内保存有大量中世纪的雕塑、绘画，天顶和墙壁上的窗户饰有彩绘玻璃拼接成的美丽图案。

老城东面的和平门广场上，有一座赭红色大理石的哥伦布纪念碑。纪念碑旁的港口中还停泊着哥伦布第一次出航探险乘坐的圣玛利亚号帆船的复制品。

■ 5. 血腥刺激的斗牛

斗牛是一项人与公牛相搏的古老运动，被西班牙人称为"国粹"。尽管从动物保护的角度看，这项活动实在血腥残忍，但是作为西班牙特有的传统，它还是保留到了现在。每年的3至10月是西班牙的斗牛季节，在这几个月中，每逢周四和周日各举行两场斗牛。如逢节日和国家庆典，则每天都可观赏。西班牙全国共有400多个斗牛场，首都马德里的宾达斯斗牛场最具规模，其古罗马式的建筑壮观堂皇，可容纳三四万人。

西班牙的斗牛历史可追溯到2000多年前，可能与捕猎野牛的活动有关。12世纪，加斯特里亚国王阿方索七世的加冕仪式上就曾举行斗牛表演。1743年，马德里兴建了第一个永久性的斗牛场，斗牛活动逐渐演变成一项民族娱乐性的体育活动。作家都将这项活动描写成西班牙人生气勃勃、热情奔放、好武尚斗的象征。

■ 6. 奔放的弗拉门戈舞

著名的弗拉门戈舞与斗牛并称为西班牙两大国粹。弗拉门戈舞是西班牙境内安达卢西亚地区吉卜赛人（又称弗拉门戈人）的音乐和舞蹈。弗拉门戈舞蹈热情、奔放、优美、刚健，表演时有吉他伴奏，并有专人在一旁伴唱。男舞者穿紧身黑裤子、长袖衬衫、饰花马甲，女舞伴则把头发向后梳成光滑的发髻，穿着艳丽的紧身胸衣和多层饰边的裙子。

弗拉门戈舞是集歌、舞、吉他演奏为一体的特殊的艺术形式，它热情、奔放、优美、刚健，形象地体现了西班牙人民的民族气质。

在西班牙，无论什么季节，人人都离不开扇子。扇子不仅是西班牙人传统的结婚礼物，还被西班牙的女子用来表达情感。

7. 天才达利

萨尔瓦多·达利是西班牙著名的印象派、主体派、达达主义画家和古怪的抽象艺术的创始者，是20世纪世界画坛中最负盛名的画家之一。

达利出生于西班牙加泰罗尼亚省的菲格拉斯城，年轻时曾在马德里和巴塞罗那学习美术，兼收并蓄多种艺术风格，显示出作为画家的非凡技能。他的创作几乎涉及了流行于当时的各种艺术流派，惯用不合逻辑地并列事物的方法，将受情感激发产生的灵感转变为创作过程。他把自己的作品风格称做"手工相片"。

不光绘画，达利的文章、口才、动作、相貌以及胡须均给人们留下了扑朔迷离的印象。

8. 不朽的毕加索

毕加索出生在西班牙马加拉，是当代最有创造性和影响最深远的艺术家，他和他的画在世界艺术史上占据了不朽的地位。

毕加索是位多产画家，他的作品总计近3.7万件，包括1885幅油画、7089幅素描、2万幅版画，以及6121幅平版画。在漫长的创作生涯中，毕加索的画法和风格迭变，使人眼花缭乱。艺术评论家常常将他的创作划分为"蓝色时期"、"玫瑰时期"、"新古典时期"等阶段。他是立体画派的创始人之一，同时还投身到其他许多现代绘画的新潮流中去。他一生没有特定的老师，也没有特定的弟子，但凡是在20世纪活跃的画家，没有一个人能完全绕过毕加索开辟的道路而迂回前进。

9. 阿尔塔米拉洞窟

阿尔塔米拉洞窟长约270米，位于西班牙坎塔布利亚自治区的桑蒂利亚纳·德耳马尔附近。这些岩洞在距今1.7万至1.1万年前已有人居住，一直延续至欧洲旧石器时期。150多幅壁画集中在长18米、宽9米的入口处，多是简单风景草图和分散的动物画像，大部分是写实，以粗犷的重彩手法刻画，千姿百态，栩栩如生。壁画颜料取自于矿物质、炭灰、动物血和土壤，掺和动物油脂，以红、黑、紫为主，色彩浓重，艳丽夺目，达到史前艺术高峰。1985年，阿尔塔米拉洞窟被列入世界遗产名录。

西班牙素有"橄榄王国"之称，橄榄种植业已有2000多年的历史。橄榄树林漫山遍野，连绵不绝，橄榄种植面积达226.5万公顷，占全世界种植面积的24%以上。西班牙有100多万人口以经营橄榄为生。

10. 西班牙礼仪

西班牙人通常在正式社交场合与客人相见时，行握手礼。与熟人相见时，男性朋友之间常紧紧地拥抱。

西班牙商人很重视信誉，总是尽可能地履行签订的合同，即便后来发现合同中有对他们不利的地方，他们也不会多言。这时，对方能够善意地帮助他们，则会赢得西班牙人的尊重与友谊。

毕加索名作《格尔尼卡》：该画作采用半写实半象征手法，使用黑、白、灰三色，创造了一种低沉悲凉的氛围，表现法西斯战争给人们带来的灾难。

名全称	瑞典王国	◁ 国土面积	约45万平方千米	◁ 主要城市	斯德哥尔摩、哥德堡
The Kingdom of Sweden		◁ 人口数量	900万左右	◁ 典型气候	温带海洋性气候和温带大陆性气候
家首都	斯德哥尔摩 Stockholm ◁	语 言	瑞典语		

>>>>>>>>>>>>>>>>>
欧洲国家地理

瑞典

在瑞典45万平方千米的土地上，不但有众多的河流，还有星罗棋布的湖泊9万多个，形成了一个理想的钓鱼王国。瑞典全国人口900万，爱好钓鱼者就有上百万。

■ 1. 北方之国

瑞典位于北欧斯堪的纳维亚半岛的东南部、波罗的海西岸。西以斯堪的纳维亚山脉为界与挪威相邻，东北以托尔尼奥河为界与芬兰相接。瑞典地形南北狭长，地势自西北向东南逐渐倾斜。山区占国土面积的三分之二，而南部的低地湖区有冰川形成的起伏山岭，还有星罗棋布的湖泊和较低高原区，海拔多在152米以下，区内多森林和泥炭层；南部小平原区，人口最为稠密。

瑞典全国约有15%的土地在北极圈内。气候南北悬殊，北部半年积雪不化，冬季有一两个月几乎不见太阳，而夏季有一个月的不夜天；中部和南部的气候则比较温和。

瑞典国会大厦：瑞典国会大厦沉稳、朴素、庄严。大厦前后开两扇三拱大门，门上立有狮首人面皇冠像，尽显皇家威严。

■ 2. "北方威尼斯"

斯德哥尔摩位于波罗的海西岸，是瑞典的首都和全国第一大城市，市内水道纵横，70多座桥梁把整个市区连在一起，素有"北方威尼斯"的美称。

斯德哥尔摩还是一座文化名城。这里有建于17世纪初的皇家图书馆，藏书100万册，著名的斯德哥尔摩大学和瑞典皇家工程学院也都设在这里。

斯德哥尔摩的老城区已有700多年的历史，城内有许多装饰着中世纪雕塑和石刻的建筑。老城的中央广场还保留着一口古井，据说这是几百年前供居民饮用的唯一一口淡水井。

斯德哥尔摩还具有现代化城市的特点，市内绿草如茵，环境幽雅，建筑均为树墙围绕，街心、路旁广植草坪，遍栽花卉。高155米的电视塔是斯德哥尔摩市内最高的建筑物，也是北欧著名的现代建筑。

■ 3. "北部窗口" 哥德堡

哥德堡是瑞典的第二大工业城市，坐落在西海岸卡特加特海峡东岸，有瑞典"西部窗口"之称，也是斯堪的纳维亚半岛上第一大海港。

哥德堡建于16世纪初，后来在卡尔马战争中被丹麦人摧毁。1619年，瑞典国王古斯塔夫二世时重建。由于丹麦移民而迅速扩

瑞典SKF公司经过近100年的发展，在轴承及密封件领域已成为世界顶级品牌，SKF公司也已成为世界性的跨国集团。

大，很快发展为瑞典的商业中心。随着瑞典东印度公司1731年在哥德堡建立和1832年约塔运河的建成，港口不断扩大，城市进一步繁荣。哥德堡的机械、化学、纺织工业十分发达，闻名于世的瑞典滚珠轴承公司和沃尔沃汽车公司的总部均设在此。

■ 4. "欧洲最后一片原野"

拉普兰包括了挪威、瑞典、芬兰和俄罗斯的科拉半岛在北极圈内的地区。这里的大部分属于极地气候，全年平均气温在零摄氏度以下。夏季短暂，冬季寒冷而漫长。每年9月就开始降雪，到第二年的6月还经常有暴风雪。特殊的地理位置和气候条件，使拉普兰依然保持着天然、粗犷、壮美的风姿。这里有巍峨的山峦和湍急的河流，有星罗棋布的湖泊和一望无际的森林，有漫长的黑暗和白昼，还有奇异的北极光。

拉普兰的土著人叫拉普人，他们长得很像亚洲人，身材矮小，皮肤棕黄，颧骨高，黑发浓密。据说，早在1万年以前，拉普兰就出现了人类的足迹。瑞典的拉普族现在约有1.5万人，其中约有五分之一的拉普人仍然保留着古老的生活习惯。拉普人的生活自成一体，有自己的议会和语言。他们喜欢穿红绿相间的民族服装，头戴大帽子，世世代代以放鹿为生。驯鹿也是拉普兰最具有代表性的动物。奇妙独特的自然风光和拉普人的生活方式吸引着无数的游客。

■ 5. 高税收的福利社会

瑞典是一个典型的"福利国家"。第一次世界大战前，瑞典以德国为样板，对部分在职职工实行了包括工伤、疾病和养老金等在内的社会保险，稍后又实行了失业保险，在一定程度上起到了抑制财富不均、维护社会安定的作用。

在瑞典，收入越高，纳税越多，产业工人的平均所得税率为35%，职员为40%，收入很高的企业家、商人、运动员等可达80%。但是许多人对职业的差异和工资的高低不大在乎。

不过，这种制度也带来了一定的负面影响，慷慨的社会福利使许多人陷入了对福利制度的长期依赖，觉得工作与否无所谓。当前瑞典人的共识是，适当削减社会福利是必要的，但福利制度的基本框架不能改变。

■ 6. 发达的工业

工业在瑞典整个国民经济中的地位举足轻重，工业产值占国内生产总值的24.3%。其中，金属加工和机械制造业是瑞典工业中最重要的部门。瑞典机械产品具有精密度高、耐用和工艺水平高等特点，特别是滚珠轴承、冷冻设备等传统产品在国际上声誉极佳。设在哥德堡的瑞典滚珠轴承公司是世界上最大的生产优质滚珠轴承的厂家，目前已成为拥有170余家子公司和80多家工厂的跨国企业。

森林资源：瑞典堪称"森林之国"，它的森林覆盖面积占全国陆地面积的57%，达到2350万公顷，平均每个瑞典人拥有林地近3公顷。

瑞典皇家科学院：瑞典皇家科学院下设6个科研机构，出版物理、化学、数学、环境科学等6种具有国际水平的定期杂志。

1895年11月27日，诺贝尔签署遗嘱：将全部财产作为设立诺贝尔奖金的基金，每年取出基金利息，奖给对人类文化科学事业作出重大贡献的人。根据当时估计，他的遗产约有3300万克朗（瑞典币，约折合920万美元）。诺贝尔奖金分为物理学、化学、生理学和医学、文学、和平奖5项。1968年瑞典银行决定增设经济学奖，这项奖金由瑞典银行提供。诺贝尔在遗嘱中强调指出"在评选得奖人时必须不分国籍、不分肤色、不问宗教信仰和政治信仰，一视同仁，唯一标准视其实际成就"。诺贝尔奖现在已经成为学术界个人最高荣誉，也是威信最高的国际性大奖。

哥德堡港：作为瑞典的第一大港口，哥德堡港自约塔河北岸向西延伸插入北部海湾，航道宽阔，交通繁忙，全长20多千米，分自由港、集装、散装、滚装、汽车、客运和油港等十几个作业区，年吞吐量达3000万吨。

能源工业在整个经济中居极重要地位。全国有8大水力发电站和3大火力发电站。瑞典年发电总量在世界居第十三位。瑞典能源工业远期战略目标是用生物燃料、风能、太阳能来替换核能和取代部分石油，以使能源工业在可靠安全的条件下继续稳步发展。

■ 7. 诺贝尔与诺贝尔奖

阿尔弗雷德·贝恩哈德·诺贝尔，瑞典化学家、工程师和实业家，诺贝尔奖金的创立人。1863年10月，诺贝尔获得炸药发爆剂的发明专利权，这项发明被称为"诺贝尔引燃器"。1865年，诺贝尔硝化甘油有限公司在斯德哥尔摩建立。在液体硝化甘油的生产过程中，他研制成了固体韧性燃料，并先后在瑞典、英国和美国取得炸药的专利。接着，于1888年又发明了用来制造军用炮弹、手雷和弹药的无烟炸药，亦称"诺贝尔爆破炸药"。

■ 8. 瑞典皇家科学院

成立于1739年的瑞典皇家科学院，是瑞典最高学术机关和最大的科学中心。它是一个不属于政府而独立存在的科学机构，与英国皇家学会、法兰西科学院和苏联科学院齐名。瑞典科学院由12个分院组成，进行数学、天文学、物理学、化学、矿物学、地质学、地理学、植物学、动物学、医学、工程技术、地球物理、经济学、统计学、社会学等方面的研究工作。

瑞典皇家科学院还承担了选拔诺贝尔物理、化学、经济三个领域获奖者的任务。每年化学奖由其颁发，获奖的成果一般要经过数年，甚至更长时间的实践验证，选定十分严格，对现代技术的发展起到了积极的促进作用。

■ 9. 快乐的瑞典人

瑞典人普遍热情好客、淳朴诚实、重诺守时，也十分热爱大自然，重视环境保护，爱花、爱鸟和其他野生物。瑞典的雇员每年享受5周的法定有薪假期，每周工作5天，全年累计工作1500小时。人们喜欢利用闲暇时间到野外活动，到森林和田野远足，采摘野果和蘑菇，到海湖去游泳、泛舟、垂钓。而在昼长夜短的夏季，人们纷纷到国内外去旅游。

◉ 国名全称　瑞士联邦　　　◉ 国土面积　约4.1万平方千米　　◉ 主要城市　伯尔尼、日内瓦、苏黎世
Switzerland Confederation
◉ 人口数量　750万左右　　　◉ 典型气候　温带海洋性气候、大陆性气候
◉ 国家首都　伯尔尼 Bern
◉ 语　言　德语、法语、意大利语、拉丁罗曼语

瑞士 ❧

■ 1. "欧洲屋脊"

　　瑞士位于欧洲大陆的中部，是一个内陆国。东与奥地利、列支敦士登接壤，南邻意大利，西接法国，北连德国。瑞士境内多山，有"欧洲屋脊"之称。大约58%的面积属于阿尔卑斯山区，分为中南部的阿尔卑斯山区、西北的汝拉山区和瑞士高原三个自然地形区，平均海拔约1350米，高原占全国总面积的32%。阿尔卑斯山呈西南——东北向横亘境内，成为该国的气候分界线。瑞士境内冰川有140个，占全国面积的4.7%。莱茵河是流经瑞士最大的河流，其流域面积占全国面积的67.6%，是瑞士经其他国家通往北海的国际航道。瑞士的高原和山地上散布着犹如明珠般的湖泊，最大的是日内瓦湖。

马特峰：阿尔卑斯山著名的马特峰，以其壮丽的外形而闻名。山脊四面呈金字塔形状，引人注目。

■ 2. "钟表王国"的"表都"

"表都"伯尔尼：伯尔尼城古代常有熊出没，因此11世纪时定名"伯尔尼"（德语为熊之意）。熊作为城徽并见之于古建筑雕塑和商品商标。1218年成为独立联邦，1353年加入瑞士联邦，1848年成为瑞士联邦首都。

　　瑞士的钟表业在世界上久负盛名，在产值超过100亿欧元的世界钟表市场上，瑞士占有三分之二的地盘。它每年生产手表3000万块左右。2000年全球钟表交易额为94亿欧元，瑞士就占了其中62亿。它的首都伯尔尼被誉为表都。

　　伯尔尼位于瑞士中西部的瑞士高原中央山地，莱茵河支流阿勒河在这

瑞士的日内瓦是国际组织聚集最多的城市，其中又以联合国驻欧洲办事处"万国宫"最有名。

里流成一个回环。联邦政府与议会设在此处，各国大使馆及一些国际机构聚集于此。

　　伯尔尼旧城就建在河曲半岛上，现已扩大到河的两岸，有7座桥梁把西岸旧城区与东岸新城区连接起来。伯尔尼被称为"花园村庄"，三分之一被森林覆盖，整个城市就如同一个巨型的森林公园。伯尔尼旧城是保存完好的具有中世纪风格的城市，建筑物以沙岩为外墙，7.25丅米长的拱廊中有女士饰物店、手工艺品店、古玩店和旧书店。每周二和周六上午为市集日，农民和当地商贩集中于此处。这种平和

欧米茄（Omega）是瑞士斯沃琪（Swatch）钟表集团旗下的一个著名品牌。其品牌标志"Ω"为希腊字母中的最后一个字母，具有完美、成就和卓越之意。

>>>>>>>>>>>>>>>>
欧洲国家地理

亲近的小城氛围已维持了800多年，也许就是这样的氛围，让爱因斯坦在这里写出了不朽的《相对论》。

在伯尔尼有1000多家钟表店，商店的大玻璃柜台上到处摆着钟表。这里是瑞士最大的钟表生产企业康采恩—瑞士通用钟表工业公司和瑞士第二大钟表公司瑞士钟表工业公司所在地。

■ 3. "万国之宫"日内瓦

日内瓦位于日内瓦湖南端，是闻名于世的国际会议城市。以罗讷河为界，左岸是老城区，右岸是新城区。老城区建筑紧凑，街道狭窄，有许多名胜古迹及哥特式的建筑；新城区沿河而建，有美丽的湖滨大道、现代化建筑以及栽种着玫瑰等各色花卉的公园。

日内瓦是一座国际性的城市，著名的"万国宫"依山傍水，过去是国际联盟所在地，如今是联合国驻欧洲办事处所在地。在日内瓦的国际组织和各种代表机构有200多个，每年在这里召开的国际会议达五六千个之多。虽然每年从世界各地到日内瓦参加会议与游览的旅客数以百万计，但这里却没有其他大城市的拥挤嘈杂，家家阳台上种满玫瑰花、郁金香，整个城市就像个大花园。

■ 4. "经济之都"苏黎世

苏黎世是瑞士第一大城，瑞士的经济之都。这里工商业兴起很早，纺织业的发展使其成为阿尔卑斯山以北的纺织业中心。苏黎世工业发展迅速，现在这个城市的大企业有勃朗、苏尔兹机械厂、马格齿轮厂等。

苏黎世也是瑞士主要的金融、科学和文化中心。西欧70%的证券交易在这里进行；苏黎世大学是瑞士历史最悠久的大学之一，第一届诺贝尔物理学奖得主便从这里走出，著名物理学家爱因斯坦曾两度在此任教。

■ 5. 永久的中立国

1907年6月20日，瑞士国家银行开始履行国家中央银行的职责。100多年来，作为独立的中央银行，瑞士国家银行主导着瑞士的货币政策。

1648年，第一场欧洲大战"三十年战争"结束后，瑞士宣布执行中立政策。1815年，拿破仑战争结束，在维也纳会议上，瑞士被确认为永久中立国。在20世纪的两次世界大战中，瑞士均保持中立。150年以来，没有任何战争在瑞士发生。这在欧洲众多国家中，是绝无仅有的。

■ 6. "世界保险箱"

瑞士的金融业非常发达，共有600余家银行。国家银行是瑞士中央银行。瑞士法郎一向信用较好，瑞士人均占有国外资产和投资占世界第一位，有"金融帝国"之称。

瑞士人经营银行是一把好手，其中最成功的就是从20世纪30年代起开始实行的银行保密法。当时，德国许多科学家、艺术家和犹太籍的大小企业主等由于战争原因，纷纷将财产转移到中立的瑞士银行。巨额资金的流入使瑞士赢得了"世界保险箱"之称。

7. 美味食品

瑞士是雀巢咖啡的发祥地，雀巢公司以冷冻干燥法制造速溶咖啡而闻名。目前，它已成为瑞士最大和世界闻名的食品工业集团。

瑞士还以生产乳酪、巧克力与速食汤品闻名。瑞士乳酪的年产量约在13万吨，用新鲜牛乳或羊乳加入凝乳酵素，经过发酵制成。这种乳酪上有许多窟窿，颇像月球表面，以高品质和特殊风味而闻名全球。

8. 瑞士军刀

与瑞士的钟表同样享誉世界的，还有100多年历史的瑞士军刀。在19世纪末，瑞士的钟表业处于兴旺发展的时期，在这样的工业基础上，瑞士的工匠们对普通刀具进行了创意，在一把军刀上将一些常用的工具组合在一起，如开瓶器、拔木塞钻、牙签、锥等。这种多功能的小刀一问世便受到世人的喜爱，并被瑞士军队采购作为士兵及军官必带的工具之一。二战后，美军开始大量购入使用瑞士军刀。由于美军遍布全球，瑞士军刀也走向了世界，并以此名称沿用至今。瑞士军刀的品质可以用三个词来形容，就是"锋利、结实、耐用"。最喜欢瑞士军刀的要数美国总统约翰逊了，他曾经从瑞士订购了4000把印有其签名的军刀，作为礼品赠送客人。

9. 奇特的葱头节

"没有葱就没有烹调艺术"，但把葱作为节日庆贺，唯有瑞士伯尔尼。伯尔尼的葱头节来源于感谢农民对伯尔尼市民的帮助，允许农民每年进城一次免税出售葱头。

葱头节于每年11月的第四个星期一举行，其隆重程度在当地仅次于圣诞节。每到节日这一天，伯尔尼四周的农民将洗净晾干的葱头络绎不绝地运往伯尔尼，葱头摊遍布大街小巷，而且葱头摊的造型都作了精心的设计，葱头辫、葱头项链深受妇女的喜爱。葱头艺术品则更是抢手货，葱头胸花、葱头领花、各种葱头做成的动物、葱头娃娃、葱头钟表various展风采。这天的伯尔尼是葱头的世界，葱香弥漫在伯尔尼的每一个角落。

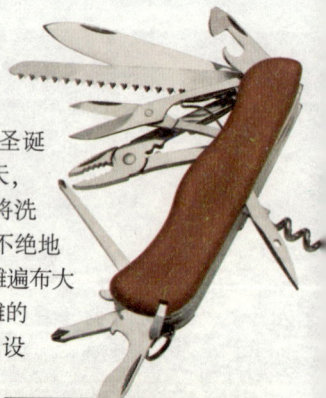

> 瑞士军刀：现在的瑞士军刀可以有100种以上的组合功能。在各种各样的军刀中，"旗舰"是有31功能的"瑞士冠军"。

10. 宗教改革者加尔文

加尔文是16世纪欧洲的宗教改革家，基督教新教加尔文宗的创始人。他的《基督教要义》对新教教义做了系统的阐述，是一部影响很大的新教百科全书。从1541年起，除短期被迫离开外，加尔文一直在日内瓦领导宗教改革。他提出"先定论"，认为人是否得救皆由上帝事先决定，与本人努力无关；上帝的选民注定能得救，上帝的弃民一定要遭殃。他的主张适应了新兴资产阶级激进派的要求。根据他的建议，日内瓦成立由加尔文宗长老、议员和官员组成的宗教法庭，密切监视人们的思想和行动。加尔文是宗教法庭的实际负责人。许多人因批评他的主张横遭迫害。他在1553年以异端罪名下令烧死反对三位一体说教、发现人体血液小循环的西班牙著名医生塞尔维特等50多人。

在加尔文的领导下，日内瓦成为政教合一的神权共和国和宗教改革的中心，加尔文宗传播到欧洲各国。因此，有人称加尔文是新教的教皇，日内瓦是新教的罗马。

◇ 国名全称 乌克兰共和国　　◇ 国土面积 约60万平方千米　◇ 主要城市 基辅、雅尔塔、敖德萨
　　　　　The Republic of Ukraine　◇ 人口数量 4800万左右　　◇ 典型气候 温带海洋性气候、大陆性气候
◇ 国家首都 基辅 Kiev　　　　◇ 语　言 乌克兰语为官方语言，通用俄语

欧洲国家地理

乌克兰

1. 欧洲第二大国

乌克兰位于欧洲东部。北面与白俄罗斯毗连，西面与波兰和斯洛伐克接壤，西南与匈牙利、罗马尼亚、摩尔多瓦相邻，东北与俄罗斯相连，南濒黑海和亚速海。乌克兰国土面积大于除俄罗斯联邦外的所有欧洲国家。

乌克兰地势平坦，绝大部分是平均海拔175米的平原（属东欧平原）。乌克兰西面喀尔巴阡山脉的戈维尔拉山海拔2061米，为全国最高峰；南部为克里木山地，东南部有顿涅茨山；丘陵主要分布在西部；低地分布在北部及中部。乌克兰境内河流众多，100千米以上的有116条，最长的河是第聂伯河。乌克兰有3000多个自然湖泊，最大的自然湖是亚尔普格湖。

2. "英雄城市"基辅

基辅是乌克兰首都，全国政治、经济、文化中心。它位于第聂伯河中游两岸，是乌克兰最大的城市。

基辅是一座最古老的斯拉夫城市。第二次世界大战中，基辅人民同法西斯进行了不屈不挠的斗争，为该城赢得了"英雄城市"的光荣称号。

基辅是乌克兰重要的工业中心之一，又是铁路、公路、水路和航空运输的重要枢纽。基辅的工业主要以运输设备和农业机械制造为主，农业主产甜菜、小麦，乳肉畜牧业发达。城市风景秀丽，绿化地占市区面积的60%以上。春季，这里的街道两旁开满白色的板栗花，第聂伯河畔的丁香花香气扑鼻，街道旁、公园里的郁金香、水仙等各种名贵花卉争奇斗艳。到了10月，以栗树为标志的基辅处处黄栗，金光耀眼，乌克兰人称之为"黄月"。市内高楼大厦鳞次栉比，现代化的宾馆、影剧院及各种体育文化设施比比皆是。克列夏季克大街为市中心主要干道。附近的十月革命广场上，喷泉和人工瀑布为这座城市增添了美色。

3. 农业大国

乌克兰属黑土带，地势平坦，土地肥沃，温和的气候和充足的水力资源都给农业提供了得天独厚的发展条件，是前苏联最大的商品粮产区和农产品基地，素有"欧洲粮仓"之称。农业用地占共和国领土面积的70%。种植业以生产谷物和甜菜为主，谷物产量占前苏联的20.1%，甜菜占59.3%。畜牧业以饲养牛、羊和猪为主。肉产量占前苏联的23%。水果和蔬菜业也很发达，独立后的农业较为稳定，但是农产品增长速度较为缓慢。

4. 雅尔塔城

雅尔塔位于克里米亚半岛南岸，三面环山，南临烟波浩渺的黑海，全年平均气温13摄氏度左右，日照充足，四季如春，素有"克里米亚明珠"之称。19世纪70年代这里被辟为疗

彼切尔洞窟修道院：它是基辅著名的古迹之一，里面包括古代珍宝博物馆、图书和图书印刷博物馆、乌克兰民族装饰艺术博物馆等，其中洞窟教堂历史最为悠久。它建于1051年，由两条洞穴组成，相距400米，分别向第聂伯河延伸。

乌克兰人的服饰风格独具特色。男子穿白衬衫和长裤，外罩绣花坎肩，头戴礼帽。女子穿袖口、领子、肩部、胸部及衣襟处绣有各种花纹图案的衬衣，下穿裙子，有时扎花围裙。

养地，豪华的私人别墅和公寓比比皆是。雅尔塔西南的峭壁上耸立着哥特式古城堡，具有东方韵味的"基奇金奈"宫殿矗立于崖壁之间。雅尔塔西有乌昌苏瀑布，东有捷列克伊卡急流，融雪时节，素练高悬，颇为壮观。

典型的乌克兰农舍是一种木质结构的平房，室内墙壁上则绘有各种花鸟图案或涂上色彩。

雅尔塔还是著名的国际活动中心，1945年2月，苏、美、英三国首脑斯大林、罗斯福和丘吉尔在此举行会议，就第二次世界大战后世界的安排问题签订了著名的"雅尔塔协定"。几十年来，"雅尔塔协定"一直影响着世界格局的发展。

■ 5．"南部珍珠"敖德萨

敖德萨是苏联黑海沿岸最大港口城市，乌克兰南部工业、航运、科学和文化中心。它坐落在乌克兰西南部德涅斯特河河口东北30千米处，是乌克兰入海的南大门。

敖德萨建于1415年，原是鞑靼人的一个居民点，称卡吉贝伊。1795年起改称敖德萨。敖德萨是重要的商港，承担着前苏联50%以上的对外贸易货运任务，航线通往70个国家的200多个港口。该市的特色之一是"盛产"海员，平均每3个家庭中就有一名海员。

敖德萨享有"乌克兰南部珍珠"的美誉，这里有许多具有古典风格的19世纪初的建筑物。著名的"波将金"石阶从市中心半圆广场一直通向海边，共有192级，宽达142米，高30米，为纪念1905年"波将金"军舰起义而命名。

■ 6．"死气沉沉的海"

乌克兰南部濒临的黑海，平均水深为1300米，各个层次的水温不同，生长着180多种不同的鱼类，渔民们一年四季均可从事渔业。但黑海中部155米以下和边缘310米以下则浮

敖德萨港：敖德萨港是乌克兰的最大港口，也是乌克兰的主要油港。

游生物极少，形成海水下层的死区。乘船在黑海上航行，见到的都是黝黑的崖岸、青褐色的海水，海区内显得毫无生气，黑海因此被称为"死气沉沉的海"。通过科学家们的调查，发现那里海洋生物难以生存，是因为海水受到硫化氢的污染而缺乏氧气。而黑海在和地中海对流中，把自己的较淡的海水通过表层输给了"邻居"，换得的却是从深层流入的又咸又重的水流。加上黑海海水的流速慢，上下层对流差，长年被污染的海域自然要成为"死气沉沉的海"了。

基奇金奈宫：雅尔塔的东方式宫殿基奇金奈宫兀立于崖壁之上，远远望去，有如仙山琼阁。

国名全称	大不列颠及北爱尔兰联合王国		⊕ 国土面积	约24.4万平方千米		⊛ 主要城市	伦敦、曼彻斯特	
	The United Kingdom of Great Britain		♙ 人口数量	6000万左右		⊛ 典型气候	温带海洋性气候、	
d Northern Ireland			⊕ 语　言	英语、威尔士语、盖尔语		大陆性气候		
国家首都	伦敦 London							

欧洲国家地理

❧ 英国

士河西岸的威斯敏斯特宫是世界上最大的哥特式建筑，是英国议会上、下两院的活动场所。

伦敦是一座驰名世界的旅游城市，有许多世界著名的文物古迹，如白金汉宫、伦敦塔、伦敦动物园、皇家植物园、特拉法加广场、牛津街、摄政街、蜡像博物馆等。伦敦城东南有格林尼治天文台原址，为地球经度起算点。伦敦市区西部的海德公园内则有著名的"演讲者之角"。

伦敦塔桥：伦敦塔桥是从英国伦敦泰晤士河口算起的第一座桥(泰晤士河上共建桥15座)，也是伦敦的象征，有"伦敦正门"之称。

■ 1. 西欧岛国

英国位于欧洲西北部。东濒北海，与比利时、荷兰、德国、丹麦和挪威等国隔海相遇；西隔爱尔兰海同爱尔兰相邻；北临浩渺的大西洋；南与法国一衣带水。英国是由大不列颠岛和爱尔兰岛东北部及附近许多岛屿组成的岛国，主要山脉有奔宁山和格兰扁山。河流短小，但水量丰富，冬不结冰。各地距海都不超过120千米，即使是内地也易于出海。主要河流有塞汶河和泰晤士河。

■ 2. 雾都伦敦

伦敦位于英格兰东南部的平原上，跨泰晤士河两岸，距离泰晤士河入海口88千米。伦敦是英国的政治、经济、文化和交通中心，也是全国最大的港口和城市。这里的第三产业极为突出，占就业人口的五分之四，光是金融保险业的就业人数就比所有工业部门职工的总和还要多。此外，伦敦也是世界上最早铺设地铁的城市。

作为全国的政治中心，伦敦是英国王室、政府、议会以及各政党总部的所在地。坐落在泰晤

■ 3. 名城曼彻斯特

曼彻斯特位于英格兰西北部都市群的中心，是英国的第三大城市。因其体育运动盛行而闻名，特别是拥有著名的足球俱乐部而闻名天下。曼彻斯特是工业革命的发源地，现在正从一个以制造业为基础的工业城市转变为繁荣、现代而又充满活力的国际大都市。这个城市有很多的博物馆和画廊，显示着曼彻斯特深厚的文化积淀和悠久的历史轨迹。曼彻斯特的

白金汉宫：白金汉宫位于圣詹姆士宫与维多利亚火车站之间，1703年由白金汉公爵兴建，故称"白金汉宫"。它是19世纪前期的豪华式建筑，其庞大的规模甚至比华丽的外表更加引人注目。

夜生活在英国也是首屈一指的，城市中散布着无数的大大小小的酒吧和娱乐场所。

4. "世界车间"伯明翰

英国第二大城市伯明翰位于英格兰中部，是英国唯一不在海滨或大河沿岸发展起来的大城市，也是一座重工业城市，工业产值占全国的20%，享有"世界车间"的美称。

伯明翰附近人烟稠密，城镇众多，且连成一片，形成大伯明翰。伯明翰市区只有少数的高楼大厦，大部建筑都是维多利亚式的二层楼房。

伯明翰是英国近年来发展迅速的文化中心，其交响乐团及爵士乐队都在国际上享有盛名。另外，体育也是伯明翰人生活中的重要组成部分，1990年伯明翰被正式命名为"欧洲体育之城"。

5. 巴蒂之都

伯明翰是著名的"巴蒂之都"，这种味道辛辣的菜是大量移居此地的克什米尔人带来的。巴蒂的字面意思是"吊桶"，但实际上是一种带把手的圆底锅。今天，这种做法简单、味道辛辣的烹饪方式风靡英国。现在伯明翰的100多家巴蒂餐馆每周都吸引两万多人前来就餐。

斯通亨奇巨石阵位于英格兰威尔特郡索尔兹伯里平原上。该建筑包含了精密的天文学和建筑学原理，被看做是欧洲著名的史前时代文化神庙遗址。

6. 苏格兰威士忌

威士忌是畅销五洲的世界名酒。苏格兰威士忌是以当地产的大麦为原料，用本地特有的清澈甘甜的水酿制而成的。据说，苏格兰境内有一条在泥炭层上流过的无名小河，苏格兰人以这种水浸泡烘干的大麦生芽，然后用当地优质的泥炭烘干，让泥炭的烟味熏进麦芽里，再把麦芽粉碎，加入热水和酒曲，放进橡木制的木桶发酵后再装进葫芦里蒸馏，最后放进橡木酒桶里封存。在酿造酒的过程中，苏格兰人掌握着秘密的调配技术，这种调配技术受法律保护。

7. 汽车贵族：劳斯莱斯

劳斯莱斯汽车公司是由亨利·罗易斯和贵族C.罗尔斯合作在1904年创建的。德国大众于1998年购买了英国的劳斯莱斯轿车有限公司。劳斯莱斯以"贵族化"的汽车公司享誉全球，年产量只有几千辆，连世界大汽车公司产量的零头都不够。但物以稀为贵，劳斯莱斯轿车之所以成为显示地位和身份的象征，是因为该公司要审查轿车购买者的身份及背景条件。劳斯莱斯汽车的标志图案采用两个"R"重叠在一起，象征着"你中有我，我中有你"。除了双R之外，劳斯莱斯还有著名的飞人标志。

8. 悠扬的苏格兰风笛

风笛、格子裙、高尔夫和威士忌，早已

大英博物馆：大英博物馆是世界上规模最大、最著名的博物馆之一，建立于1753年。它收藏了世界各地的许多文物和图书珍品，藏品之丰富、种类之繁多为全世界所罕见。

成了苏格兰人的标志。苏格兰风笛原是属于战争的音乐，风笛手吹出的乐音，用于行军、用以召集高地人、用以战争、用以表示哀悼。而如今风笛也属于和平的音乐，用来跳斯特拉斯佩舞，用来与小提琴、手风琴和谐地演奏舞曲，用来庆祝，也用来求爱。风笛在世界各地都有，但人们却独独记得苏格兰风笛，只因在世人心中，苏格兰风笛并不是单指乐器本身而言，它还连接着一长串代表苏格兰高地传统文化的历史，也早已升华为苏格兰文化中不可或缺的一部分。

■ 9. 最大的百科全书

《大不列颠百科全书》是世界上最大的综合性大百科全书，1758年12月至1771年间首次在苏格兰的爱丁堡出版。该百科全书共30卷，有条目10.68万条，共430万字。第一部分1卷，为百科类目（即分类目录）；第二部分10卷，为百科简编（即条目详细索引）；第三部分19卷，为百科详编。1980年出了第15版，由芝加哥和伦敦两地同时出版。

■ 10. 变化无常的英国气候

多雾是英国气候的一大特点，伦敦就以"雾都"著称。"伦敦雾"并不完全是自然现象，最近20年来，由于英国当局重视环境保护，冬季出现浓雾的次数较20年前减少了一半。即使如此，英国夏季晴朗的天空中仍时有薄薄的烟雾，冬季则经常是细雨濛濛，这主要是岛国的潮气所致。由于英国天气变化无常，刚才还是风和日丽，转眼间就下起濛濛细雨来，所以英国人出门，即使是天空晴朗，也常常带着雨具。二战前英国首相张伯伦一年四季雨伞不离手，在国内外曾传为趣闻。

■ 11. 显赫的皇室

英国王室每年耗资巨大，但英国人仍然希望把君主制保持下去，这与英国人尊重传统的保守态度有很大关系，他们认为君主制代表国家命脉、民族传统，君主作为象征性的国家元首比某些国家不掌握实权的总统更富有魅力，王室起着团结和鼓舞英国各阶层人民的作用。有的人还认为王室给英国带来的好处大于它的开支，因为王室的传统活动给民众以极大的兴趣，并吸引了国外大批游客。

国名全称　梵蒂冈城国 The Vatican City State	国土面积　0.44平方千米	主要城市　梵蒂冈
国家首都　梵蒂冈 Port-au-Prince	人口数量　正式公民390人	典型气候　地中海气候
	语　言　意大利语、拉丁语	

梵蒂冈

■ 1. "国中之国"

　　梵蒂冈在拉丁语中意为"先知之地"。它位于意大利首都罗马城西北角的高地上，地处台伯河西岸，被称为"国中之国"。其领土包括圣彼得广场、圣彼得大教堂、教皇宫、政府大楼、梵蒂冈博物馆、梵蒂冈图书馆等地。国土大致呈三角形，除东南面开放的圣彼得广场外，国界以梵蒂冈城墙为标志。城内有火车站、监狱，但无教育和医疗设施，长途出行用意大利航空公司的飞机。

■ 2. 安居乐业的国度

　　在这个神圣的国度里，绝大多数国民都是教会工作者，并不像凡夫俗子那样为自己谋利，因此梵蒂冈的监狱很少有犯人，于是在1955年关闭。国籍是按出生地点来定的，凡是在梵蒂冈出生的人，就是梵蒂冈的国民，可以享受到梵蒂冈国民的一切优待。但是，国民如

> 圣彼得广场：圣彼得广场位于圣彼得大教堂前，是梵蒂冈最著名的广场。每年，世界各地到这里朝圣的信徒和游客络绎不绝。

　　教廷庄严的宫廷会议卫队，自1950年以来，习惯上是由瑞士人充任，人数比国民还要多一倍，共有2000名，都是训练有素的士兵。他们的最大用途只是在举行盛会和纪念日时作为卫队，不过他们每个人都经过严格的训练，擅长白刃战。

果到了21岁还是游手好闲，国籍就会被取消。不过这种现象是从来没有发生过的，因为这里没有失业的情形存在，大部分人都是子承父业。这里的国民从不害怕外来的侵略和战争，也不用向政府纳税，住的房子是政府的，居民不需缴纳房租，水电也是免费供应，政府只照顾人民的安居乐业，不以牟利为目的。

■ 3. 圣彼得广场

　　圣彼得广场在梵蒂冈的最东面，因广场正面的圣彼得教堂而得名，可容纳50万人，是罗马教廷举行大型宗教活动的地方。广场呈椭圆形，地面用黑色小方石块铺砌而成，两侧由两组半圆形大理石柱廊环抱，雄伟壮观。这两组柱廊共由284根圆柱和88根方柱组合而成，是广场的装饰性建筑。广场中央矗立着一座直插云霄的方尖石碑，碑尖上是钉死耶稣的十字架造型。在广场两侧各有一个银花飞溅的美丽喷泉。令人好奇的是，站在两个喷泉之间的圆形白色大理石处观望两侧的柱廊，四排石柱只能看到前面一排，这是贝尔尼尼精心设计的透视效果。每逢礼拜日，圣彼得广场上总有成千上万的人，聆听教皇在阳台上播送祷词，每年从世界各地到这里朝圣的信徒和游客更是络绎不绝。

Part 3

美洲国家地理

印第安人的家园

　　美洲是亚美利加洲的简称，又称新大陆。美洲又分为北美洲和南美洲；北美洲位于西半球的北部，面积为2422.8万平方千米；南美洲位于西半球的南部，面积2070多万平方千米（包括附近岛屿）。美洲大陆是印第安人的家园。随着新大陆的发现，越来越多的人踏上北美的土地。他们在那里辛苦耕耘，于是北美逐渐强大，并呈现出迥异的多元文化；而南美更多保留着原始的印第安风貌，为现代文明笼上了一层神秘的面纱。

3

◉ 国名全称　阿根廷共和国
　　　　　The Republic of Argentina
◉ 国家首都　布宜诺斯艾利斯 Buenos Aires

◉ 国土面积　约278万平方千米
◉ 人口数量　3700万左右
◉ 语　言　西班牙语

◉ 主要城市　布宜诺斯艾利斯、乌斯怀亚
◉ 典型气候　热带、亚热带、温带多种气候

阿根廷 ❧

■ 1. 南美第二大国

　　阿根廷是拉丁美洲第二大国，位于南美洲东南部，东濒大西洋，南与南极洲隔海相望，西与智利接壤，北接玻利维亚、巴拉圭，东北部与巴西和乌拉圭毗邻。

　　阿根廷地势由西向东逐渐低平。西部是以绵延起伏的安第斯山为主体的山地；东部和中部的潘帕斯草原是著名的农牧区；北部主要是格兰查科平原，多沼泽、森林；而南部则是巴塔哥尼亚高原。海拔6964米的阿空加瓜山，为南美洲万峰之冠。巴拉那河全长4700千米，为南美第二大河。著名的乌马瓦卡峡谷，曾是古老的印加文化传到阿根廷的通道，被称为"印加之路"。

■ 2. "南美洲的巴黎"

　　布宜诺斯艾利斯是阿根廷首都和政治、经济、文化中心，享有"南美洲巴黎"的盛名。它东临拉普拉塔河，西靠"世界粮仓"潘帕斯大草原，风景秀美，气候宜人。

　　1536年1月，西班牙宫廷大臣佩德罗·德·门多萨率领探险队在潘帕斯草原的一个高地上建立居民点，并以水手保护神"圣玛利亚·布宜诺斯艾利斯"的名字命名。布宜诺斯艾利斯由此得名。1880年正式被定为首都。市内街心公园、广场和纪念碑众多。议会大厦前的议会广场，有纪念1813年制宪大会和1816年议会的"两议会纪念碑"。其他各种青铜雕像和白石雕像更是

阿根廷的名字始终与足球紧紧地联系在一起，阿根廷也被认为是盛产足球天才的国度。

难以计算。城市建筑多受欧洲文化影响，至今还保留有几个世纪前的西班牙和意大利风格的古代建筑。

■ 3. 五月广场

　　五月广场是布宜诺斯艾利斯的心脏。广场东侧是一座西班牙式玫瑰色建筑物，这就是被称为"玫瑰宫"的政府宫。政府宫地面以上两层是总统府，地下一层是博物馆。广场另一侧有一座建于18世纪的白色小楼，是布宜诺斯艾利斯最早的市议会，也是1810年"五月革命"

五月广场：五月广场被阿根廷人视为共和国的神经中枢。其前身是"大广场"或称"胜利广场"，与布宜诺斯艾利斯城同时诞生，已经有400多年的历史。

的发源地。五月广场向西有一条30米宽、1000米长的五月大街，绿色尖圆屋顶的议会大厦就在这条街的深处。五月广场的西北面是具有200多年历史的大教堂，教堂墙壁上的火炬熊熊燃烧，这就是有名的"阿根廷火焰"。

4. "南极之门"

乌斯怀亚是阿根廷南部火地岛区的首府和港口，距南极洲只有800千米，号称世界"南极之门"，是前往南极考察的理想起航地和补给地。

乌斯怀亚依山傍海，风景秀丽。城市前面是蓝宝石一样透明的比格尔海峡，背后是郁郁葱葱的山坡和银装素裹的勒马尔歇雪峰，海峡对岸智利境内的皑皑雪峰也历历在目，附近青草如茵，野花点点，牛羊成群，构成一幅典雅的风景画。在比格尔海峡与青山白雪之间，坐落着色调不同的各种建筑。

乌斯怀亚：乌斯怀亚是世界最南端的城市，被称为"世界尽头"。乌斯怀亚在印第安语中是"观赏落日的海湾"之意。由于乌斯怀亚风景如画，吸引了众多的国内外游客。

5. 壮观的伊瓜苏瀑布

伊瓜苏瀑布是世界上最宽的瀑布，它位于巴西与阿根廷交界的伊瓜苏河下游。伊瓜苏河发源于库里蒂巴附近的马尔山脉，向西蜿蜒流经巴西高原，河中大小岩岛把河水分隔成一系列急流，平均流量每秒1750多立方米。当它从巴西高原的辉绿岩悬崖陡落入巴拉那峡谷时，有275股大小瀑布，形成"系列式"瀑布奇景。雨季时，河水增大，大小飞流又合而为一，"会师"成大瀑布，连成一道宽达4000米、落差最高达82米的马蹄形大瀑布。其雷鸣般的跌落声波及周围25千米，溅起的珠帘般的雾幕高达30至150米。

探戈是一种双人舞蹈，起源于阿根廷，节奏明快，顿挫感非常强烈，舞步华丽高雅、热烈狂放且变化无穷。

6. 探戈的故乡

"探戈"是阿根廷的国舞，最能体现阿根廷民族文化的迷人风情。阿根廷的探戈舞蹈风格含蓄、洒脱，加上深沉、忧伤、惆怅的探戈曲调，将南美风情的典雅与浪漫表现得淋漓尽致。

探戈演员的服饰美艳而又不失高雅，舞步时而舒缓优雅，时而快如流星，那些默契的交叉环绕，变化无穷的优美造型，以及令人目不暇接的踢腿、旋转、折腰，尽情地展示着青春的活力与浪漫，展示着爱所带来的神情交融，把观众带入了一种如醉如痴的境界。

◁ 国名全称　玻利维亚共和国　　◁ 国土面积　约110万平方千米　　◁ 主要城市　苏克雷、拉巴斯
　　　　　　The Republic of Bolivia　◁ 人口数量　820万左右　　　　　◁ 典型气候　热带草原气候
◁ 法定首都　苏克雷 La Paz　　　　◁ 语　言　西班牙语

玻利维亚 ⚜

1. 古文明的发祥地

玻利维亚是一个位于南美洲中部的内陆国，西部通向智利和秘鲁，南部与阿根廷和巴拉圭毗邻，东部和北部与巴西接壤。

玻利维亚与秘鲁交界的的的喀喀湖可终年通航，是两国的交通要道。湖泊周围是南美古文化的发祥地。玻利维亚境内东部和中部为热带草原气候，向西部山地过渡到亚热带森林气候，内陆高原属山地气候。

2. "白色城市" 苏克雷

苏克雷是玻利维亚的法定首都，最高法院所在地。因为市内主要建筑和居民住宅均呈白色，故该城有"白色城市"的美誉。

苏克雷城建筑在一个开放、通畅的盆地中，城市的中心是巨大的"5月25日广场"。广场正南是白色的新古典主义样式的建筑物"自由之家"，对面建有苏克雷大教堂，教堂5层高的钟楼是苏克雷的标志性建筑。由宗教团体创建的众多的塔和钟楼与纪念碑相结合，形成了

玻利维亚人中以印第安人居多，其余为印欧混血种人和白种人。

多样的风格，如哥特式、文艺复兴式、巴洛克式、混合式和古典主义样式。它们通常是白色的，并且有阳台、铸铁的花格图案和木制的百叶窗。1991年联合国教科文组织将苏克雷古城作为文化遗产列入《世界遗产名录》。

3. 古城蒂瓦纳科

蒂瓦纳科是玻利维亚的印第安古文化遗址，位于的的喀喀湖以南约20千米处，海拔3500米。蒂瓦纳科在古印第安语中是"创世中心"之意，大批宗教建筑、绘画雕刻以及高度发展的古印第安文化都集中在此。

在这片土地上，古代蒂瓦纳科人修建了许多梯形金字塔、神庙和城市中心建筑，太阳门是该遗址中最著名的古迹。太阳门是用一整块巨大的安山岩雕凿而成，门框的上下左右均布满了轮廓清晰、刀法雄健的石雕神像和各种花纹图案，上端正中部分有一个维拉科查太阳神像的浮雕。太阳门上的雕饰最集中地反映了蒂瓦纳科文化的艺术特色。

蒂瓦纳科太阳门：蒂瓦纳科太阳门高大雄伟，顶部的神像头部放射光芒。这样一整块巨石究竟是如何搬运而来的，不禁令人匪夷所思。

❧ 巴西

■ 1. 世界第五大国

巴西是拉丁美洲面积最大的国家，几乎占到南美洲总面积的一半，居世界第五位。它位于南美洲东南部，北邻法属圭亚那、苏里南、圭亚那、委内瑞拉和哥伦比亚，西邻秘鲁、玻利维亚，南接巴拉圭、阿根廷和乌拉圭，东濒大西洋。

巴西北部为圭亚那高原，南部为世界最大的高原——巴西高原。介于两者之间，是世界最大的平原——亚马孙平原，这里也是世界最大的热带雨林区。巴西高原南部和东南沿海地区地势低平，是主要居住区。北部圭亚那高原的内布利纳峰海拔3014米，为全境最高点。境内亚马孙河是世界上流量最大的河流。巴拉那河是南美洲第二大河。全境大部为热带气候，最南部为亚热带气候，偶见霜雪。亚马孙平原降水丰沛，东北部地区稍干燥。

巴西利亚阳光大教堂：巴西利亚阳光大教堂在设计上采用水泥支撑、玻璃幕墙，是世界上最明亮的教堂，造型寓意众人手捧起一个十字架。

■ 2. "最年轻的文化遗产"

巴西首都巴西利亚是一座年轻的现代化城市，建于1956至1960年间。城里不见古迹遗址，也没有大都市的繁华与喧闹，但其充满现代理念的城市格局、构思新颖别致的建筑以及寓意丰富的艺术雕塑，使人流连。1987年，巴西利亚被联合国教科文组织确定为"人类文化遗产"，成为众多璀璨辉煌的世界人类文化遗产中最年轻的一个。

巴西利亚整体上为飞机状。总统府、议会、最高法院环绕三权广场，各占北西南三个方向，20多个火柴盒式的大楼有十几层高，以统一的建筑风格沿干线公路两侧而立，这些建筑看上去很像飞机的"机头"。"机身"由EXAO车站大道和绿地组成，左右两边为南北"机翼"，由商业区和住宅区组成。为使"飞机"形状不被破坏，城内不准建新住宅区，居民尽量分布在城外的卫星城里居住。

从落成至今，巴西利亚一直是个漂亮而现代化的都市，并把繁荣带到了巴西中西部，贯通了南部与北部，带动了整个国家的发展进步。

■ 3. 亚马孙河

亚马孙河发源于秘鲁中部的科迪勒拉山脉，全长6751千米，在巴西境内3165千米。河面宽广，支流众多，流域和流量均居世界第一，水量占世界淡水总量的20%。由亚马孙河冲击而成的亚马孙平原面积705万平方千米，大多位于巴西境内。亚马孙流域适合植物生长，有浩瀚无际的原始森林，各种

耶稣山，又叫驼峰山，高710米，山顶有耶稣十字架像，矗立在海拔710米的悬崖峭壁上，故得名。耶稣山是里约热内卢市的象征之一，在城市各个角落都可看见。

植物两万余种，盛产优质木材，被誉为"地球之肺"。

■ 4. 圣保罗

圣保罗是巴西最大的城市，位于巴西大陆崖边缘的马尔山上，它不仅是拉丁美洲最大的工业城市，同时还是一座文化城市。市内有圣保罗大学、天主教大学、医科大学等各类高等学府，以及藏书逾百万册的圣保罗图书馆。圣保罗市区博物馆众多，其中著名的有圣保罗美术博物馆、巴西美术博物馆、印第安民间艺术和手工艺品博物馆等。

圣保罗市区最引人注目的建筑是南美洲最大的教堂之一——天主教大教堂。这座教堂始建于20世纪30年代，落成于圣保罗建城400周年的1954年，是一座典型的哥特式建筑，气势宏伟，地下室里保存着许多圣徒的遗骨。

■ 5. "狂欢节之都"

里约热内卢是巴西的第二大城市，位于巴西国土的东南部，南临大西洋。1502年1月，葡萄牙航海家来到海湾，误以为这里是一条大河的入海口，随口起名"一月的河"，译音便是"里约热内卢"。

该市坐落在美丽的瓜纳巴拉海湾，依山傍水，风景优美，是巴西，也是世界著名的旅游观光胜地。主要名胜有耶稣山、面包山、尼特罗伊大桥、马拉卡纳体育场、植物园等。里约热内卢的海滩举世闻名，其数目和延伸长度为世界之最，全市共有海滩72个。世界上许多信奉基督教的国家都有狂欢节，但论规模之大、参加者之众、内容之丰富、气氛之热烈，要首推巴西，而在巴西各大城市中，又数里约热内卢为最，它因此被誉为"狂欢节之都"。

■ 6. 足球王国

巴西是举世闻名的"足球王国"。对巴西人来说，足球是运动，但更是文化。每当联赛或重

巴西狂欢节：狂欢节最早并没有固定的场所，全市各主要大街都是桑巴舞表演的舞台，人们戴上面具，尽情地欢乐。

大国内国际比赛进行时，巴西人常常举家前往观战，整座城市万人空巷，而赛场人山人海。巴西人把足球称为"大众运动"，无论是在海滩上，还是在城市的街头巷尾，都有人踢球。即使是在贫民窟，穷人家的孩子也光着脚、把袜子塞满纸当球踢。巴西许多国际知名的足球运动员都是从这里开始他们的足球生涯的。

巴西足球场是世界上最大的足球场，可容纳10万多人。

巴西足球人才辈出，优秀球员源源不断，这得益于其发现和培养人才的体制。巴西足球学校遍布全国各地，重点培养十二三岁的孩子，由优秀教练向他们灌输先进的足球理念和基本技能。